中国文明的原像

夏王朝

Xia Dynasty

the Original Image of Chinese Civilization

〔日〕冈村秀典 著

秦小丽 译

中原出版传媒集团
中原传媒股份公司

大象出版社
·郑州·

图书在版编目（CIP）数据

夏王朝：中国文明的原像 /（日）冈村秀典著；秦小丽译.— 郑州：大象出版社，2023.2
ISBN 978-7-5711-1748-1

Ⅰ.①夏… Ⅱ.①冈… ②秦… Ⅲ.①中国历史-研究-夏代 Ⅳ.①K246.307

中国国家版本馆CIP数据核字(2023)第014761号

备案号：豫著许可备字-2023-A-0001

夏王朝
——中国文明的原像

[日]冈村秀典 著

秦小丽 译

出版人：汪林中
选题策划：张前进 刘东蓬
责任编辑：杨 倩
封面设计：黄怡祯
内文设计：王晶晶
责任校对：牛志远 安德华

出版发行：大象出版社（郑州市郑东新区祥盛街27号 邮政编码 450016）
发行科 0371-63863551 总编室 0371-65597936
网 址：www.daxiang.cn

经 销：各地新华书店经销
印 刷：北京汇林印务有限公司
开 本：720mm×1020mm 1/16
印 张：15.75
字 数：199千字
版 次：2023年2月第1版 2023年2月第1次印刷
定 价：58.00元

印厂地址 北京市大兴区黄村镇南六环磁各庄立交桥南200米（中轴路东侧）
邮政编码 102600 电话 010-61264834

目录

绪　言　寻根中国 —— 1

第一章　传说时代 —— 11

第二章　夏王朝是真实存在的吗？
——传说与史实之间 —— 51

第三章　考古学的探索 —— 77

第四章　王权的诞生 —— 105

第五章　二里头文化时期的生活 —— 147

第六章 中国世界的形成 ———— 173

终　章 实际存在的夏王朝 ———— 201

后　记 ———— 208

《夏王朝——中国文明的原像》（2007 年学术文库版）

跋 ———— 211

《夏王朝——中国文明的原像》中文版后记 ———— 235

译后记 ———— 245

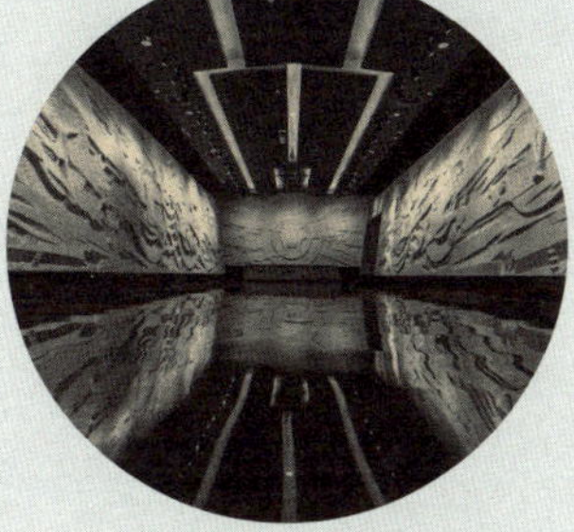

绪言

寻根中国

政治理想与夏、商、周

中国古代国家是何时诞生的？根据《史记》等诸多古代典籍记载，它是由夏、商、周三个王朝相继发展而来的。其中西周王朝因为有详细和确切的文献记载和考古出土的青铜器铭文记录，其真实存在不容置疑。西周末期的公元前 841 年以后，历法年代已经非常明确，也没有任何异议。而西周之前的商王朝，自从 19 世纪末期甲骨文发现以来，随着对甲骨文的解读，商王朝的真实存在变得越来越清晰，如今已作为可信的历史为国内外学术界所公认。那么，早于商王朝，作为中国最早王朝国家的起始——夏王朝是否也真实存在呢？若真实存在的话，是从什么时候开始？其范围又包括哪里？建立的王朝国家又是怎样的体制呢？

有关记载夏王朝的文献典籍，成书于夏王朝灭亡 1000 多年后的战国时代（公元前 475—前 221 年）。战国时代是一个因周王朝的衰败，不断强盛的各诸侯国为了实现中国的再统一而互相争斗的时代，各诸侯国的诸侯都主张自己的国家才是最正统的中国，为此将其祖先的谱系不断地往前追溯，一直追溯到古代，甚至与传说中的圣王联系在一起。也有很多根据自己的需要而杜撰圣王的传说。在这样的战国时代里，诸子百家的说客们游历各国，巧妙地为各诸侯国争辩正统地位。

诸子百家中，在古代寻求理想的是儒家。孔子作为其开山鼻祖，尊崇古代的圣人君子，主张将他们推崇为政治的典范。他认为尧、舜、禹是无可挑剔的圣王，在孔子的《论语》中，经常出现对开创了夏王朝的禹，建立了商王朝的汤王，奠定了西周王朝基础的文王、武王和周公的赞颂之词。夏、商、西周王朝就是孔子追求的政治理想国——这一儒教教义在汉代以后成为历代王朝的官学，一直延续到20世纪。

但是，关于夏王朝和商王朝的制度，其实在春秋时代（公元前770—前476年）就已经不清楚了。孔子自己曾经感叹道，作为夏人和商人后代的杞国和宋国，有关王朝制度的证据都没有充分地保留下来（《论语·八佾》《礼记·礼运》）。因此孔子理想中的圣人君子时代，并不是根据子孙后代传承下来的传统所得到的，而只是孔子自己在头脑里描绘的理想图景而已。因此若连夏王朝和商王朝时代的史实都不清楚的话，那么要追溯尧舜时代的历史事实肯定是更不明白的事情了。而且，这些典籍是在孔子时代之后成书的，因此即使夏王朝是真实存在的，要想从古代文献中正确地了解其历史也是非常困难的。

《史记》的“夏本纪”和“殷本纪”主要是以《尚书》等古代儒教经典中的一些零散的记载为基础资料整理记述的。其中从王朝的兴建和灭亡，以及王名和王位的继承来看，有很多理想化的圣人故事或者荒唐无稽的传说记录。尽管如此，直到1911年辛亥革命推翻清朝为止，在连续2000多年的历史时间里，这些古籍的内容几乎没有被怀疑过。辛亥革命时，以“驱除鞑虏，恢复中华”为口号的革命派，为了选择中华民国的年号，讨论了以黄帝和禹即位年为起点的纪年法，甚至一时采用了黄帝纪年。由此也可联想到，日本在1940年曾隆重举行根据神武纪年法而来的皇纪2600年纪念活动。

疑古派、释古派与考古学

1919年的五四运动批判了儒教和孔子的封建思想，正式引入了近代历史学，开始了对古代史的学术研究。日本学者白鸟库吉（1865—1942）和内藤湖南（1866—1934）等人也很早就开始了基于对史料的批判性来复原古代史的研究。之后，1923年顾颉刚（1893—1980）发表了否定夏禹真实存在的论文，给学术界带来极大的冲击。顾颉刚等疑古派，站在否定夏王朝及其之前古代历史的立场，与传统的历史学家们展开了激烈的争论。对夏王朝的怀疑论至今仍在欧美和日本的学术界根深蒂固，这反映了根据近代史学方法的疑古派学说所具有的说服力。

另外，对河南省安阳市殷墟遗址出土甲骨文的解读，在传统历史学家的推进下取得进展，王国维（1877—1927）等释古派从考古出土的文字资料和传世的古典书籍两方面开拓了复原古代史的二重实证方法。然而，考古出土文字资料只可以追溯到商王朝时代，而在此之前的夏王朝依然不明朗，而这与疑古派对夏王朝及其之前的历史持怀疑态度所争论的时代范围是不同的。

因此，在这样的历史背景下，与近代历史学同时诞生的还有考古学。正如在第三章中将会有详细叙述的那样，1926年从美国留学归来的李济（1896—1979）在山西省夏县西阴村首次铲起考古发掘的第一锹土，之后，中国的考古学研究一直围绕着传说中的夏王朝进行发掘与调查。1928年开始的殷墟发掘揭示了关于商晚期的考古学文化，而新中国成立之后，由于河南省郑州城遗址（即郑州商城遗址——译者注）和洛阳市偃师二里头遗址的发现，考古学家的研究焦点转向从商早期到夏王朝的考古学追溯。1983年，在二里头遗址东约6公里处发现了商早期的偃师城遗址（即偃师商城遗址——译者注），由此确认从夏王朝到商王朝交替的舞台可以限定在洛阳平原。因为如果偃师城是以武力打败了夏王朝的商汤王都城的话，那么二里头遗址就只能是夏王朝的王都。如今，在放射性碳素断代的支持下，夏王朝的存在越来越真实可信了。

商王朝通过甲骨文的解读证实了其真实存在，现在夏王朝正在被考古发掘资料渐渐揭开神秘面纱。这是 70 多年来中国考古学家们不懈努力的结果。这一结果明确得到中国舆论和世界形势的强烈支持。20 世纪末以社会学家费孝通（1910—2005）和考古学家苏秉琦（1909—1997）等人提出的新的中华民族论为理论武器，以民族团结和国家统一为口号，提倡“中华民族的伟大复兴”。1992 年开始，在国家领导人的支持下，陕西省政府实施了黄帝陵的大规模修筑工程，2003 年国内外的大量募捐使得第二期工程也在顺利进行。山西省临汾市的尧庙于 1998 年因火灾被全部烧毁，但是由于政府的援助和民间的捐款，第二年便对重要的尧殿进行了重建。2002 年两侧的禹庙和舜庙也得以重建，占地也进行了大幅扩展。另外，位于山西省运城市的舜帝陵，以前只是小学用地内的一个小土丘，现在在当地政府的推进下，进行了大规模的陵园建设。在湖南省永州市的舜帝陵，也在 2000 年举办了祭舜大典，包括海外华人在内共有 6 万多人参加了这一盛会。（《朝日新闻》2000 年 11 月 16 日朝刊）

与美索不达米亚、埃及并列的古代文明的验证

为了推动举国上下展开的“中华民族的伟大复兴”运动，1996 年中国政府批准了“夏商周断代工程”，并作为第九个五年计划的国家

重点科学研究项目，开始了组织多学科研究者进行西周以前确切历法年代学的研究。这是一个由历史学、考古学、古文字学、天文学等方面的专家组成的国家性科研项目，为验证中华文明是和美索不达米亚、埃及并列古代文明的学术活动。2000 年结束的结项成果指出，夏王朝开始于公元前 2070 年，夏朝到商朝的王朝更替是公元前 1600 年。夏王朝确实存在自不必说，其历法年代也得以正式确定。以这一成果为基础，接着启动了“中华文明探源工程”项目，地理学、遗传学、动物学、植物学、冶金学等方面的专家也参与其中，开始寻找中华文明的根源。其时间范围自不必说，是从黄帝到尧、舜的五帝时代，在考古学中的时空范围则是指河南西部和山西南部的公元前 3 千纪。根据《人民日报》2000 年 6 月 6 日的报道，在山西省襄汾县龙山文化陶寺遗址中，新发现了尧、舜时代的城郭遗址，诸多专家论证认为“中华文明的起源应该比现在公认的夏代还要古老。中国古代三皇五帝的历史传说，通过考古学将被证实为确实的历史”。随着考古资料的增加和考古学研究方法的进步，夏王朝的实际存在将是毫无疑问的，现在更期待着五帝时代也能得到考古学的证实。

暂且不提带有政治性的学术讨论，仅在中国考古学中，关于尧、舜、禹以及夏王朝的都城到底在哪里的集中性讨论已经很久了。只是在“夏商周断代工程”中，夏王朝的历法年代被重点提出来而已。以夏王朝的实际存在作为前提，夏王朝在何时何地成立？同时期的商人在何时何地完成了从夏到商王朝的交替？站在考古发掘第一线的中国考古学家们，对以上问题正在逐一进行着个案研究。

对此，欧美和日本的研究者都回避正面讨论夏王朝，对其实际存在继续持慎重态度。因为受疑古派的影响且这是与自己没有血缘关系的不同文化，即使夏王朝的实际存在作为中国史的讨论或者真实性探究是有意义的，也几乎与本国的历史学和考古学没有关系。另外，由于没有实地考察的便利，很少有机会看到实物，除介绍中国学者正在进行的研究外，超过中国研究者的详细考证越来越难也是原因之一。

但是，取而代之我们应该思考的问题是，为什么会发生这样的事件，如何进行历史评价等。我们应将思考的关键点聚焦在潜藏这些问题背景下的社会问题上，并从更为广阔的视野出发进行研究应该是可以的。尤其是夏王朝的时代，从历史学来看，是从原始社会到英雄时代世袭王权成立的时期；从考古学来看，是从新石器时代到青铜器时代的过渡期，按照 V.G. 柴尔德（1892—1957）的古典学说，正好处于都市革命的时期。虽然历史事件只是一时性的东西，但历史事件的根源在于其历史性、社会性的背景和人类史上共同的普遍性。这些不正是我们可以作为课题研究的目标吗？

文献史学和考古学的方法

本书以夏王朝为主题，主要以文献史学和考古学的方法来论述中国的国家形成。首先第一章和第二章是以古典文献为基础来重新构建禹所建立的夏王朝的传承历史。最完整的文献记录是《尚书》，以《尚书》为基础的《史记·夏本纪》则是对王朝的历史进行了重新构建。除此之外，在战国时代编纂的《春秋左氏传》和战国时代墓葬中出土的《竹书纪年》等著作中也有片断的记录，我们将尽可能地忠实于远古时期所写的记录和注释，尝试进行合理而具有稳妥性的整理。有两个需要注意的地方：一是到现在为止，虽然我们以夏王朝的王系和所在地等历法年代和地域可考证的文献记录为主进行讨论，但是，含有这种内容的记载篇幅极少，而且更多记载的是一些难以被视为史实的荒唐无稽的传说，正所谓是网罗所有的传承和传说。但无论是肯定还是否定夏王朝的实际存在，我认为都有必要首先把古典文献的记录整理好。二是至今为止，古典文献的记录历来被视为是有史实或历史背景的记载，但在此我要强调的是，必须把这些记载放在战国时代或者汉代当时的背景下来看待。也就是说，比起夏王朝的时代，我更想把这些文献记录的时代作为主轴来考量。结果可能是这两章会没有什么新颖的内容。但是，这种整理并不是像以前那样以恢复夏王朝的历史为目的，仅选择适合自己研究的片断记载，而是虚心坦诚地收罗所有关于夏王朝的传说，试图梳理从战国到汉代的学者们是如何看待夏王朝的，我相信这也是为了今后的研究讨论所必须进行的基础工作。

第三章到第六章论述如何从考古学角度来看夏王朝。首先，在第三章中，梳理探索夏王朝的学术研究史，以明确中国的考古学家为何确信夏王朝是实际存在的。在中国，对夏王朝的探索从考古学诞生之日开始，一直都是中国考古学研究的主题，也是中国考古学史的缩影。在第四章中，以被认为是夏王朝都城的二里头遗址为例，探讨其王权结构的具体内涵是什么，是否可以说是中国最初成立的王朝或国家。第五章论述二里头文化中人们的生活。利用环境学、农学和动物学等多学科的研究成果，将研究的触角深入人们的生存环境、生活等各个方面。第四章和第五章是本书的核心，与以往那些大量介绍遗址、遗迹和以遗物编年研究为主的专著不同，本书引入了更多新的研究方法和崭新的研究视点。想了解中国国家形成过程的读者推荐先读这两章。第六章论述公元前 2 千纪前半期二里头文化的扩大和中国世界的形成。这是肩负着“中华民族的伟大复兴”的中国考古研究者最为关心的课题，他们认为自新石器时代以来，在中国大地各个地区自主发展起来的诸多考古学文化，随着相互交流而紧密融合，最终形成一体化的中国这一所谓的多元一体的雏形。本书大体上遵循了这一观点，但是并没有得出夏文化的扩展直接显示夏王朝的势力扩大，或者随着夏王朝的灭亡，夏人及其文化向四方扩散这样直接的结论，而是认为对很快建立了王朝国家的二里头文化的文化影响力应该给予较高的评价。

本书肯定了夏王朝的实际存在。但是，我想尝试讨论的并不是夏王朝是否实际存在这样直接的结论，而是希望探讨延续到 20 世纪的中国 4000 年文明是什么，其起源有着怎样的特质，又是经过怎样的过程促使王权和王朝诞生的。这一尝试是否成功，就要看读者的判断了。

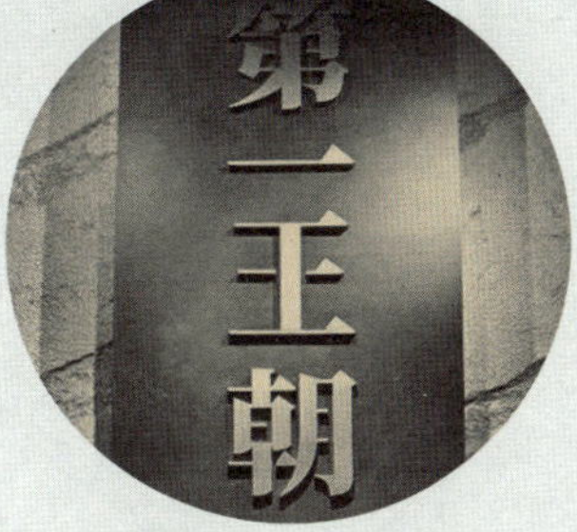

第一章 传说时代

第一王朝

一、杜撰的五帝传说

圣王传说的构建

把中国的起源作为完整历史来叙述的是司马迁的《史记》。这部书首先将描写有黄帝、颛顼、喾、尧、舜圣王故事的《五帝本纪》放在了书的开篇。但是，在作为主要文献根据的《尚书》中则只写了尧和舜。在《五帝本纪》的最后，司马迁如是叙述：

> 太史公曰：学者多称五帝，尚矣。然《尚书》独载尧以来；而百家言黄帝，其文不雅驯，荐绅先生难言之。孔子所传《宰予问五帝德》及《帝系姓》，儒者或不传。①

在战国时代诸子百家所著的书中，有很多是为了反驳他人、强调自己意见而杜撰的故事，因此其作为史实的可信度值得怀疑。尽管如此，司马迁还是对从黄帝开始的传说中撰写《史记》的理由作了如下说明：

> 余尝西至空桐，北过涿鹿，东渐于海，南浮江淮矣，至长老皆各往往称黄帝、尧、舜之处，风教固殊焉，总之不离古文者近是。予观《春秋》《国语》，其发明《五帝德》《帝系姓》章矣，顾

弟弗深考，其所表见皆不虚。书缺有间矣，其轶乃时时见于他说。非好学深思，心知其意，固难为浅见寡闻道也。余并论次，择其言尤雅者，故著为本纪书首。[②]

司马迁年轻的时候，为了探寻关于中国起源的传说而在各地奔走。崆峒和涿鹿位于长城以北，战国时代是游牧民居住的地方。由于汉武帝的远征，在司马迁写《史记》时这一带已被编入汉的版图，从内地迁徙了很多移民，但这里主要还是靠畜牧维持生计的边境地带。司马迁还去探访过舜的墓葬，以及位于现在的湖南、广东、广西三省区交界的九疑山。那里是汉帝国与南越国对峙的最前线。为什么在那样的地方还保留着黄帝、尧、舜的传说呢？商和西周王朝也不过是在以中原（黄河中游流域）为中心的有限区域内活动，而在更早时代的黄帝、尧、舜等真的能统治北到长城地带、南到长江以南如此广大的范围吗？

英雄时代的五帝

在黄帝、颛顼、喾、尧、舜等英明之王相继统治中国的五帝时代，王位以过渡给资质优秀的有德人物的禅让制度来继承。这里隐含有与在《荷马史诗》中活跃的勇士略显不同的有德英雄形象的成分。作为夏王朝成立的前史，这里就根据《史记》来看中国的英雄故事。

首先是黄帝的故事。黄帝姓公孙，名轩辕。在教给人们农耕的神农氏（炎帝）子孙时代，为政者的道德逐渐丧失，诸侯们互相争斗，世间一片混乱。天生聪明的轩辕，修德、整兵，逐渐与诸侯为伍。他驯化了熊、虎等猛兽，与炎帝的子孙进行了三次战斗，都取得了胜利。最后轩辕之军在与蚩尤的战斗中取得胜利，便在诸侯们的拥戴下登上了天子的宝座。这就是黄帝。这个名字来源于五行思想的土德。黄帝向四周派出讨伐之军，东至渤海，西至崆峒，南至长江，北逐荤粥。因为经常外出，所以在他死后没有确定的安息之地。《汉书·地理志》上郡阳周县记载，“桥山在南，有黄帝冢”。阳周县位于延安市北边，属于战国时代长城附近的边境地带。延安曾经是日本侵华战争期间中国共产党的根据地。现在的黄帝陵虽然位于陕西省黄陵县城北，但仍然是黄土台地所包围的偏僻地区。

其次是黄帝之孙颛顼的故事，再接着是黄帝的曾孙喾的故事。颛顼和喾是非直系的同族关系。喾驾崩后，其子挚继位，但因为喾在还没有建立功绩的时候驾崩，所以算不上圣王。

接替挚即位的是他的弟弟放勋，即尧。尧主动过着俭朴的生活，根据人们的才能让他们担任相应的官职。另外，他还命令官员观察天体的运动规律制定历法，指导每个季节的农活。因此，人们的生活水平提高了很多。

尧在位七十年，向臣下询问谁该为他的继任者。其中一个臣下说“嫡子丹朱聪明，应该可以”，尧则以“他说话虚妄，又好争辩”为由驳回。对于推荐共工的驩兜的意见，尧以“他花言巧语，阳奉阴违，貌似恭谦，其实对老天也轻慢不敬”为由拒绝了。于是尧问了掌管四方的四岳：“哎，四方诸侯之长！滔滔洪水到处危害人们，水势奔腾包围了山岭，淹没了丘陵，浩浩荡荡，浊浪接天。臣民都在叹息，有能使洪水得到治理的人吗？”大家都推举鲧，尧便勉勉强强地同意让鲧试一下，但是过了九年鲧也没有取得成果。

于是尧命令选出与其身份和血缘无关的继承人，大家都推荐了民间的虞舜。舜在谱系上被认为是黄帝八代以后的后人，但是自五世祖穷蝉起都是平民。舜从小为父母和弟弟不道德的行为所累，但是以孝道来和睦家庭。这个孝顺谈资经过后世的润色，成为脍炙人口的二十四孝故事之一。

尧接受了被推荐的舜，并将两个女儿许给了舜，以考察舜的品行和能力。正如大家所期待的那样，舜的品行得到了称颂。于是尧命舜把五条伦理教给人们。舜选贤任能，广招四方宾客，诸侯和远方的宾客们也都向舜表达了敬意。他还调查了各地的山林川泽，指导人们在暴风和雷雨中也不会迷路。三年过去了，尧打算让位给舜，但舜却固辞了。不过他仍然代替年事已高的尧，摄天子之政。舜端正天文，整顿祭祀，从诸侯那里回收瑞玉，重新分配给来朝堂的诸侯们。此外，他巡幸四方检查诸侯的政绩，制定了刑法的规则。他将没有功绩的官员流放到北狄之地的幽陵，将驩兜驱逐到南蛮之地的崇山。他又将在长江、淮河地区发动叛乱的三苗放逐到西戎之地的三危，把没能平息洪水的鲧放逐到东夷之地的羽山。此后尧在将政权交给舜的二十八年后驾崩。

现在在山西省临汾市有尧庙（图 1）。这座庙是以尧在“平阳”建都的传说为基础，3 世纪时在现在的所在地汾河附近建成，而且一直都进行祭祀活动。尧庙历代被反复烧毁和重建，最近的一次是在 1998 年因火灾而烧毁，次年通过政府的援助和民间的捐款而重建，这在本书绪言已经叙述过。

驾崩于边境的舜

尧驾崩后过了三年丧期，舜让位给尧之子丹朱，退到了南河（黄河）的南面。然而，朝堂的诸侯和有诉讼需求的人都不去丹朱那里，而是集聚在舜的身边，就连人民都对舜歌功颂德。舜说“这也是天命”，

图 1　重新修建后的尧庙

于是就向着中国，登上了天子的宝座。这就是帝舜。

图 2 是东汉时期画像石上描绘的舜的形象。舜戴着帝王所戴的冠冕，神情严肃。左有旁题，记载着“帝舜名重华，耕于历山，外养三年”。该旁题描述舜在历山（有山东省济南市东南或者山西省垣曲县东北等说法）的有关故事。舜以农耕为主业，在雷泽捕鱼，当地人们给予他湖畔的土地，他便在河边制作陶器，一年后这里形成村落，二年后成为市镇，三年后发展成大城市。（根据《史记·五帝本纪》）

舜从尧的臣子中选拔了一些有能力的人才，并给予他们适当的职务。他任命禹为负责治理水土的司空，弃为负责播时百谷的后稷，契为负责教化百姓的司徒，皋陶为负责刑法的士，垂为负责手工业的共工，益为负责管理草木鸟兽的虞，伯夷为负责宗族事务的秩宗，夔为掌管音乐的典乐，龙为传达命令的纳言。因为舜规定每三年要评判一次成绩，因而每个人都取得很大的功绩，尤其是禹的功绩最大，开辟了全境（九州）的山脉，治理了河川，为九州带来了安定，各方诸侯自不必说，帝舜的德行甚至传播到了四方的夷狄。

舜在三十岁时被尧起用，六十一岁时即位，在位 39 年，在南巡途

图 2 东汉时期画像石描绘的舜

中的苍梧原野上驾崩，埋葬在江南的九疑，即零陵。九疑就是湖南南部的九疑山。秦始皇在公元前 210 年巡游的时候，从湖北的云梦中望祭埋葬在九疑山的舜，司马迁年轻的时候也踏遍了九疑山。另外，在湖南省长沙马王堆 3 号墓中发现的地形图上描绘有九根柱子组成的九疑山，山的旁边写着“帝舜”，那是一幅汉帝国与南越国对峙的军事地图。汉吕后（于公元前 188—前 180 年执政）起兵之时，由于暑热和潮湿，很多汉兵病倒在这里。虽然这里是距舜镇压三苗活动地域更南的地方，但据说从秦代到西汉时代在这样偏远的地方就建有舜墓，现在当地又新建了舜庙。

然而，《孟子·离娄下》曰“舜生于诸冯，迁于负夏，卒于鸣条，东夷之人也。”[3]关于“诸冯”“负夏”“鸣条”这些地名到底在哪里并没有定论，但既然是“东夷之人”，似乎就认为是生于东方死于东方。

另外根据《墨子·节葬下》所记，舜在向西教化七戎的途中去世并被埋葬在“南己之市”。何为“南己之市”不详，但一般认为舜在西方异民族之地有坟墓。在战国时代关于舜的各种传说中，我们追究到底哪一种说法是正确的也没有什么意义，但是传说中的南、东、西都是边境之地，这一点很重要。这是因为表现的是和黄帝一样在创建有秩序王朝途中客死的英雄形象。这暗示了战国时代的游说家们把统一中国的理想寄托在了黄帝、尧、舜的故事里。

下边的谱系图是根据《史记·五帝本纪》做成的。五帝自不必说，就连夏、商、周的始祖也都与黄帝有关联。

五帝及夏、商、周的谱系图（黑体字为五帝）

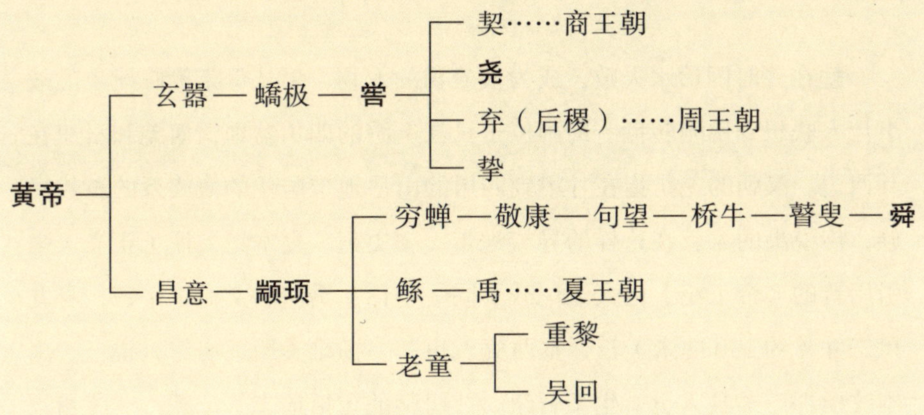

二、禹的出现

禹的诞生

建立夏王朝的禹的传记主要来自《史记·夏本纪》。禹名曰文命，其父是鲧。而鲧之父是帝颛顼，所以禹是黄帝的玄孙。在东汉时代的《吴越春秋·越王无余外传第六》中有这样的描写：

> 禹父鲧者，帝颛顼之后。鲧娶于有莘氏之女，名曰女嬉，年壮未孳，嬉于砥山，得薏苡而吞之，意若为人所感，因而妊孕，剖胁而产高密。家于西羌，地曰石纽。石纽在蜀西川也。[④]

鲧在尧时因治水失败，成为被处罚的人物。禹从母亲侧腹诞生的故事让人联想到佛陀转世。蜀国位于长江上游的四川盆地，西羌和石纽在其西边。汉朝的羌是指在甘肃到四川的山岳地带居住的藏族系的游牧民族，传说禹的家就在这样的异族地带。《史记·夏本纪》注（正义）中引用晋的《帝王纪》也大致记载了同一句话：禹“名文命，字密，身九尺二寸（约230厘米）长，本西夷人也”。扬雄《蜀王本纪》说：“禹本汶山郡广柔县人也，生于石纽。”唐朝的《括地志》记载：“茂州汶川县石纽山在县西七十三里。”那里是在岷江上游，现在四川省茂县附近。

扬雄是西汉末年的蜀郡成都人。禹生于四川深山的记录，最早出现在《蜀王本纪》中。毋庸置疑，这是诗文优秀的扬雄根据故乡流传的关于禹的民间故事而创作的。但是，根据《史记·五帝本纪》记载，黄帝—昌意—颛顼—鲧—禹的谱系中，昌意在若水的时候娶了蜀山氏女并生下了颛顼。若水，即从云南省流经四川省的金沙江，蜀山氏被视为与蜀国有关的氏族，所以有关禹出身的传说有可能要追溯到《史记》所用资料的编纂时期。

大禹治水的传说

禹在舜在位时参与政事，并得到舜的赏识，取得了不计其数的功绩，特别是治水的功绩最大，在舜死后被推戴为王。禹被孔子赞誉为勤俭朴素，把精力全部放在了水渠挖掘、整治水利上。（《论语·泰伯》）在公元前500年左右，大禹治水的传说应该就已经形成了。在公元前400年左右的《墨子·兼爱中》中，讲述了其详细的治水事业。

> 古者禹治天下，西为西河、渔窦，以泄渠孙皇之水；北为防原泒，注后之邸、嘑池之窦，洒为底柱，凿为龙门，以利燕代胡貉与西河之民；东方漏之陆，防孟诸之泽，洒为九浍，以楗东土之水，以利冀州之民；南为江汉淮汝，东流之，注五湖之处，以利荆楚干越与南夷之民。⑤

西河是指流经山西省和陕西省交界的黄河，渭水是流经陕西省的黄河支流，弦蒲泽在陕西西部，泒水、昭余祁、嘑沱河和受到水利恩惠的燕、代、胡、貉是在山西北部接近河北北部和北京市的山岳地带，都是属于西方或北方的边疆地带。这个多山干燥地区的用水及水利，即使在今天也是一个非常棘手的问题，除了小规模的井水灌溉，在4000年前的大禹时期，进行这样大规模的治水灌溉无异于做白日梦。

黄河分流的砥柱山位于河南省三门峡市的北黄河中，龙门位于陕西省韩城县的北边，二者的对岸都是山西省的黄土台地。大陆泽和孟诸泽是由黄河形成的华北平原沼泽，大禹在那里把黄河的主流分成九条支流，进行了华北平原的开拓，并且同样进行了长江、汉水、淮河、汝河的水利营建，一直开拓到淮河和长江中下游地区。

《墨子·兼爱》论述了人与人之间的爱。古时候的圣王以博爱的精神给予人们各种恩惠，尤其是禹为了治水东奔西走，展现了其在国土开发上的非凡能力。这些故事由于对大禹的功绩过分夸大，显得非常不切实际，从而影响了其可靠性。但是，类似的故事在《尚书·禹贡》和《史记·河渠书》中也能看到，显然在战国时代就已经脍炙人口了。《史记·河渠书》记载了禹“三过家门而不入”致力于治水的故事。

> 然河灾衍溢，害中国也尤甚。唯是为务。故道河自积石历龙门，南到华阴，东下砥柱，及孟津、雒汭，至于大邳。于是禹以为河所从来者高，水湍悍，难以行平地，数为败，乃厮二渠以引其河。北载之高地，过降水，至于大陆，播为九河，同为逆河，入于勃海。九川既疏，九泽既洒，诸夏艾安，功施于三代。⑥

这里，洪水灾害严重的“中国”指的是中原，由禹治水稳定下来的“诸夏”指的是夏王朝统治区域内的地区。禹分流黄河之水的工程被认为是安阳市北的漳河，大陆泽被认为是河北省巨鹿县北宁晋泊。总之，从黄土台地进入华北平原时，把黄河的主流分开，以此来缓和水流。他父亲以筑堤来防洪遭到失败，他以此为教训，用相反的方法——掘排水沟来疏解黄河。与《墨子》将重点放在农业用水上不同，《史记·河渠书》的重点在治理洪水的对策上，而且仅限于黄河中下游地区。但是，正如前面所说的那样，从考古学的角度来看，在还使用木质和石质的掘土工具时代，开展将黄河主流分开的大规模水利工程是很难想象的。即使到了铁制工具普及的战国和汉代，那也是一项极其困难的事业。假设即使成功实施了这样的水利工程，但所谓的记载“九州的河流已被疏通，九州的湖泽已被筑堤，华夏各国得到治理而安定，功绩使夏、商、周三代受益不绝”则显然是虚构的了。

现在的黄河自河南省开封市开始流向东北，经过山东省济南市北注入渤海。这和《史记·河渠书》里记载的河道几乎一样。但是，黄河作为“暴龙”经常泛滥，有时从开封一直往东流向徐州，有时又往南流向淮河。从开封到徐州，现在还留有“黄河古道”的痕迹。1938年6月，为了阻止日军对开封的进攻，蒋介石的军队在河南省郑州市的北边炸毁了黄河堤坝。由于突如其来的大水，黄河的浊流在南方泛滥，流入淮河流域。这一行为对日军没有造成过多的人员伤亡，但却让无数的中国百姓受灾。

江河泛滥在中国各地每年都会发生。2003年淮河下游地区洪水泛滥，2002年长江中游地区水灾显著。洪水灾害是历代当政者都非常重视的自然灾害，长江中游的三峡水库、黄河中游的小浪底水库的建设是中国人民的夙愿，也可以说是大禹治水传说的现实体现。

图3是东汉时代画像石上描绘的禹的形象。他身披蓑笠，手执耒耜，完全是一个劳动者的打扮。与图2所示帝王装束的舜相比，形象上明显不同。在历代圣王之中，关于禹的民间传说颇多，被人们所喜爱也是可以理解的。左边有旁题：“夏禹长于地理，脉泉知阴，随时设防，退为肉刑（夏禹是个懂得地理的人，观测泉水可以知道地下水走向，一直都注意防灾工程建设，防止族人受到损失）。”这也是首次有调查地下水脉（脉泉）的文献记载。

图 3　东汉时期画像石描绘的禹

开拓者大禹

禹不仅在治水上取得了功绩，他在接受了舜的命令后，还和益、后稷等一起，对九州全境的山河进行了调查，并修筑了道路。他在外地待了整整 13 年，即使经过家门也不入。他家里十分简朴，将财产全部都用在了修建水渠和挖掘沟渠上。（《史记・夏本纪》）禹舍弃私利私欲，被作为开垦全境的圣王而受到尊重。

禹把自己开拓的中国全境分成九个州。《尚书・禹贡》详细记载了禹根据九州的山脉，从河川的源头到其支流都仔细制定了水路：西至弱水、黑水流经的敦煌沙漠地带和黄河的源头积石山，黑水的源头三危在舜放逐三苗的边境之地；北至黄河和济水流域，直到山西北部恒山和北京燕山一带；南至长江及其支流流域，直到湖南南部的衡山，长江水源之一的汶山是禹的出生地。

图 4 是清代陈澧考证的九州图。此图中一方格约为 100 公里。由此可见，《尚书 · 禹贡》里的九州，从成书的战国时代到西汉时代，几乎延伸到中国全疆域。白鸟库吉认为“禹”和“宇”同音，也与“宇”同义，都有天地四方之义，与开拓全国的圣王之名很契合。

禹开拓了全境的山川和九州，这些也被称为“禹迹”。《左传 · 襄公四年》中引用了魏庄子在《虞人之箴》中的言语：“芒芒禹迹，画为九州，经启九道。”[7]《诗经 · 商颂 · 长发》中有如下诗句：“洪水芒芒，禹敷下土方。外大国是疆，幅陨既长。”[8]赞颂了禹开拓疆土、梳理交通、划定国界的事迹。《诗经》是在春秋时代写成的文献，应该是采用了“禹迹”中水土开拓的神话传说。然而，《诗经 · 大雅 · 文

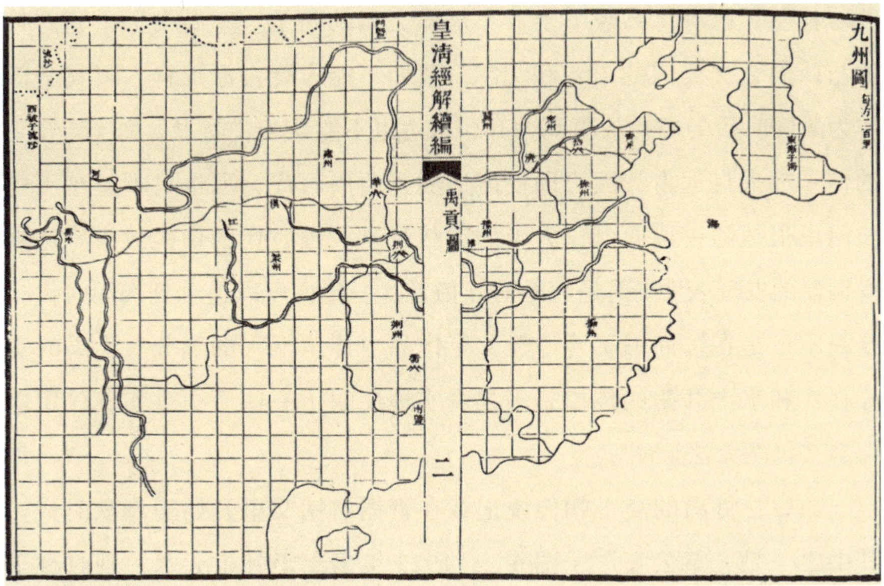

图 4 禹贡九州（陈澧《禹贡图》）

王有声》中在描述西周文王从岐山（今陕西省岐山县）迁都至丰（现陕西省西安市）时写道："丰水东注，维禹之绩。四方攸同，皇王维辟。皇王烝哉！"[9]可见当时"禹迹"的西限可能为关中盆地。到了战国时期各国的疆域都在扩张，"天下"的概念开始形成，于是"禹迹"的范围也被"九州"所替代了。

近年来，北京的保利艺术博物馆收藏了一件刻有长铭文的青铜器（遂公盨）。这是祭祀时盛放食物用的被称为盨的器皿，从形状和侧面雕刻的鸟和花纹来看，应该是西周中期的器物（图5）。保利艺术博物馆在除去表面覆盖的锈后，看到铭文开头写着与《尚书》《诗经》中关于禹的记载基本相同的内容，曾经引起了很大的轰动。铭文开头两句为："天命禹敷土，随山浚川。"[10]

《尚书·禹贡》的开头写道："禹别九州，随山浚川，任土作贡。禹敷土，随山刊木，奠高山大川。"[11]铭文与此完全相合。《诗经·商颂·长发》也有"禹敷下土方"这样类似的句子。《尚书》中还有其他与西周金文类似的语句和文字，我们不能像疑古派那样，将其全部作为战国时代的虚构故事而舍弃，当然也不能认为《尚书》和《诗经》的传承都来自远古，因为即使能追溯到西周时代，那也只不过是历史长河里很短的一段而已，大半的记载都是战国时代的虚构故事。这件青铜器的发现表明，禹是大地的开拓者这一传说可以追溯到西周时代。这只不过是在《尚书》《诗经》等作品中传承下来的部分。大禹的实际存在和水土开拓的传说是不是真实地反映了一些历史事实，仅用这篇金文仍然无法证明。

随后，将禹的夏王朝传说记载在青铜器铭文里开始于春秋时代。其中之一是"秦公簋"（图6），1923年出土于甘肃天水，现收藏于中国国家博物馆。铭文有一百多个字，以"秦公曰"开头的部分写着"禹"

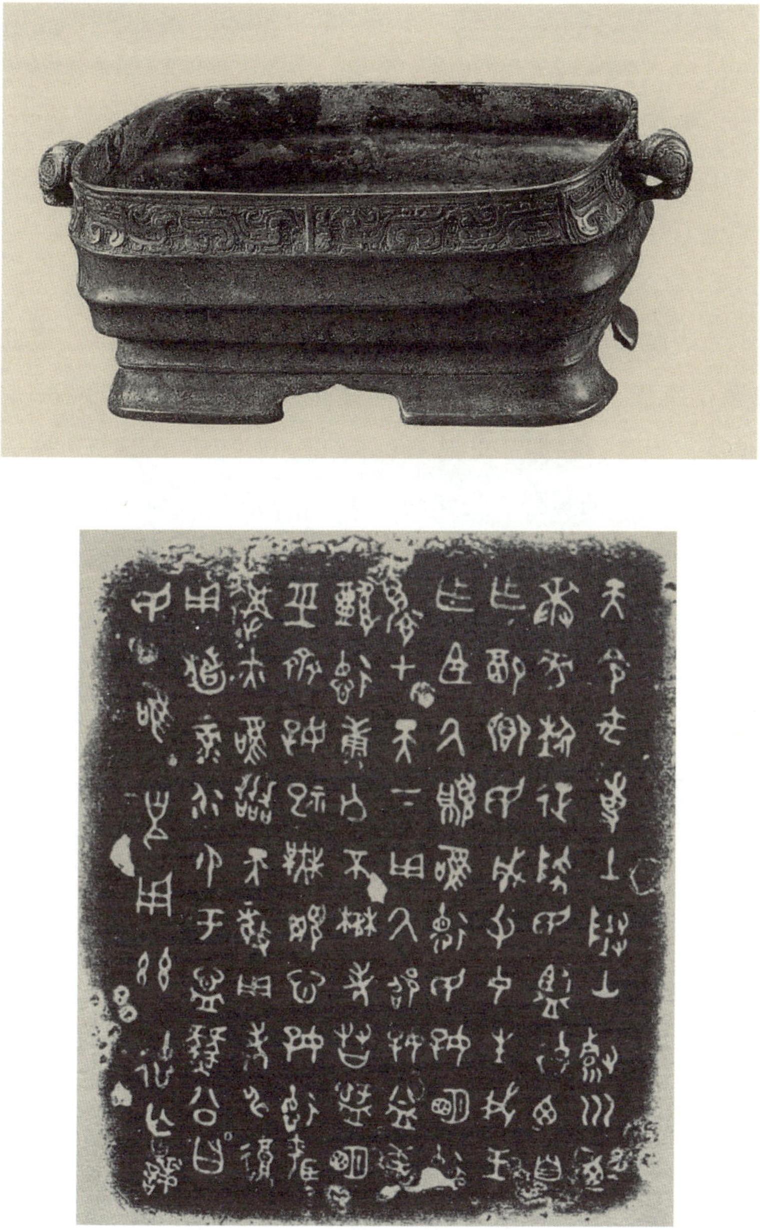

图 5　记载有禹的西周青铜器及其铭文

和“夏”。

> 秦公曰：不显朕皇且，受天命鼏宅禹迹，十又二公，在帝之坯。严，恭夤天命，保业厥秦，虩事蛮㝨。余虽小子穆穆，帅秉明德，剌剌（烈）桓桓，迈民是敕。[12]

作为诸侯被封的“皇祖”是秦襄公（？—前766年），以此计算第12代的秦侯，这件铜器的作者可能是秦景公（公元前576—前537年在位）。但是，根据《史记·秦本纪》中“公”的计算方法，也可能是景公前一代的桓公（公元前603—前577年在位）。不管怎样，其铜器器形和与龙有关的花纹具有春秋中期秦国铜器的特征，与铭文所示的年代并不矛盾。

秦襄公被周平王（公元前770—前720年在位）分封的地方，根据《史记·秦本纪》记载，是以前西周都城所在地的岐山以西的地方。近几年，在“秦公簋”出土地附近的甘肃省礼县大堡子山发现了早期秦侯墓，确认在距岐山200公里左右的西面有秦初期的封地。迄今已经发掘出两座带墓道的大墓和车马坑，出土了带有“秦公作”铭文的青铜器。秦侯被封的时候，正是异民族戎横行之时，在“秦公簋”的铭文中把当地称为“禹迹”，以此来强调自己是正统诸侯的一员。听从天命在“禹迹”之地安居，由此保证王权的正统性。于是历代被秦侯统治的人皆称为“蛮和夏”。“夏”最初出现在这里，但是它不是指夏王朝，而是指与不同民族的“蛮”相对的“夏”地区的人们。因为当时还没有把“禹迹”和“夏”直接联系起来，禹还没有被认为是夏王朝的始祖。

在前面提到的《诗经·大雅·文王有声》中，周文王从岐山迁都到东部的丰地称为“禹迹”。然而，“秦公簋”中的“禹迹”却在岐

图 6　春秋时代的“秦公簋”及其铭文

山以西。“禹迹”从丰地向西扩展了许多。假设《文王有声》的具体年代可以追溯到西周时代，那么春秋时代的“禹迹”更是从关中盆地的东部扩大到了甘肃东部，在《尚书·禹贡》时再进一步扩展到甘肃西部的沙漠地带。

与“秦公簋”有着几乎相同铭文的还有“秦公镈”。镈是一种与钟一起悬挂演奏的乐器。宋代的《考古图》中有器形和铭文的素描，这是有龙缠绕的镂空雕刻的大飞棱，附在器皿的四侧，形成一种独特的形状。由于器皿本身早已丢失，故无法辨别记载的真伪，但在陕西省宝鸡市太公庙，发现了与此类似的春秋早期“秦公镈”三件与“秦公钟”五件一起出土，由此确认春秋时期的秦国就有这样的带有“秦公”铭文的异形镈。

另外，1123年从青州临淄县齐国故城偶然出土的“叔夷钟”十三件和“叔夷镈”一件上也记载了禹和夏王朝的事迹。器皿本身并没有留存到现在，但在其出土不久后编纂的《博古图录》中收录了其器形和铭文的素描。根据铭文记载，作者的名字是叔夷，因为有“在齐侯的地方退避”“供奉在桓武灵公处”等内容，所以被认为是齐灵公（？—前554年）时期的器物。大禹和夏王朝的故事，在叔夷记录的家族谱系中也可以看到。叔夷钟、镈铭文：“虩虩成唐，有严在帝所，溥受天命，翦伐夏司，败厥灵师。伊小臣唯辅，咸有九州，处禹之堵。”⑬

叔夷是商人的子孙，远祖汤王遵从天命打败了夏王朝，因而在拥有全部“九州”的功绩中描述了自己的宗谱。这里的“夏”是其讨伐对手的夏王朝。伊尹是辅佐汤王的功臣之一，在《史记·殷本纪》中也有这个名字。“九州”是指整个疆域，“禹迹”是指其统治的中心地区。但是和“秦公簋”一样，“禹”在这里并没有被记载为夏王朝的创始者。

综上所述，从青铜器的铭文来看，作为疆域开拓者禹的故事在西周中期就已经形成。这和《尚书》《诗经》的记录一致。春秋中期的秦和齐分别出现了“禹迹”的记载，被认为是为了保证其王权的正统性。同时也提到了“夏”，在“秦公簋”中的“夏”，是针对异民族“蛮”的“夏”，而“叔夷钟”中的“夏”则指的是被商人灭亡的夏王朝。在“叔夷钟”中也使用了比“禹迹”更广阔的领域“九州”。但是，这里的“九州”并不是《尚书·禹贡》里的“九州”，而是指整个国家。

当政者的禹

开始开拓全境的禹，命令益将适合稻谷耕作的低洼地给人们，又命令后稷把难以到手的粮食给人们，再从粮食有余的地方调配补给不足的地方，并使诸侯们的工作量均等。禹还调查了各地的物产和交通情况，规定了租税和贡品。这些在《尚书·禹贡》中都有具体的记述，而且几乎原封不动地被《史记·夏本纪》引用。《尚书·禹贡》被认为是中国最古老的地理教科书，大致由三部分组成。

第一部分是禹治理洪水后，将全境划分为冀州、兖州、青州、徐州、扬州、荆州、豫州、梁州、雍州九个州（图7），每个州都记载着领地的范围、名山、河川、沼泽、土壤和田地的优劣、租税的等级、应贡纳的特产、夷狄及其贡纳物、向都城进贡的道路状况。在不足1200字的《禹贡》中，占了约三分之二的核心部分。例如，有关徐州的条文如下：

海、岱及淮惟徐州。淮、沂其乂，蒙、羽其艺。大野既猪，东原底平。厥土赤埴坟，草木渐包。厥田惟上中，厥赋中中，厥贡惟土五色。羽畎夏翟，峄阳孤桐。泗滨浮磬，淮、夷玭珠暨鱼。

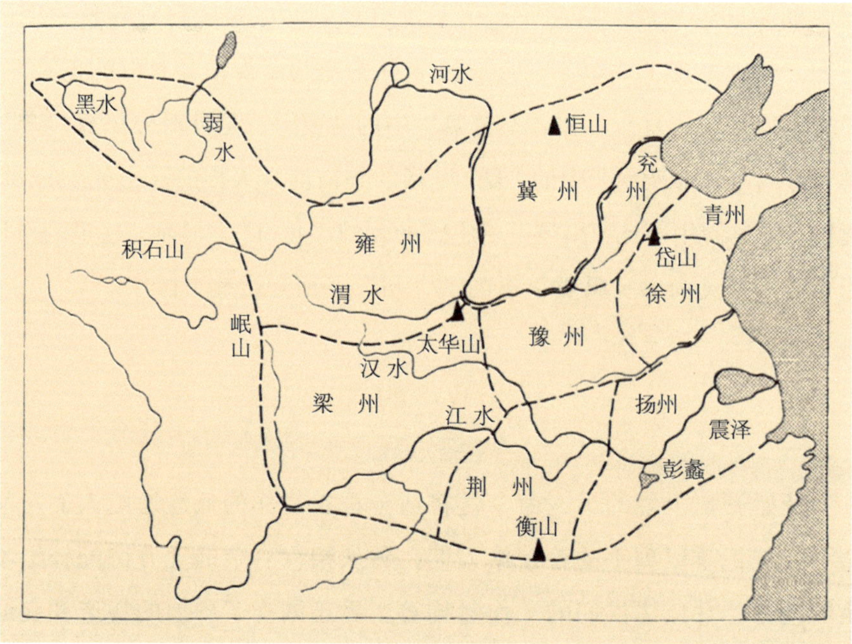

图 7 《禹贡》的九州

厥篚玄纤缟。浮于淮、泗，达于河。[14]

表 1 汇总了各州记述的对田的等级、租税和贡纳物的内容。田和租税分上、中、下，各个等级又分别细分为上、中、下等，总共由九级组成。田的等级以青州、徐州、雍州为上位；租税方面，冀州、荆州、豫州居于上位。各地的贡品中除了盐、铜、铁等生活必需品外，还有漆器、金银、玉、象牙、绢丝等贵重物品，也有占卜用的大龟、各种野生动物、羽毛、橘柚、海产品等稀有物品。这些原材料是都城手工业作坊中，制作宫廷使用的各种漆器、金属器、玉器、礼仪用的衣服和酒等的基础用品。另外，从考古学的角度来看，有意思的是，盐在临海的青州，漆在黄河中下游地区的兖州和豫州，铜在长江中下游地区的荆州和扬

州，铁在四川的梁州。但是，铁器的普及是在战国时代，四川的梁州开始受到关注也是在秦朝灭亡梁州蜀国的公元前316年以后，因此这里的内容反映了战国后期的地理观。另外，长江流域的徐州、扬州、荆州、梁州在商、西周时代还没有纳入王朝统治范围，早于这一时代的夏王朝时期更应该是如此。

表1　《尚书·禹贡》中记载的田的等级、租税和贡纳物的内容

州名	田	租税	贡纳物	夷狄（贡纳物）
冀州	中中	上上～上中		鸟夷（鸟兽皮毛）
兖州	中下	下下	漆、丝、丝织品	
青州	上下	中上	盐、细葛布、海产品、砺石、丝、麻、铅、松、玉石	嵎夷、莱夷（畜产、柞蚕丝）
徐州	上中	中中	五色土、长尾野鸡、桐、磬石	淮夷（珍珠、鱼、细缯、绸帛）
扬州	下下	下上～中下	银、铜、美玉、竹材、象牙、皮革、羽旄、木材	岛夷（草织品、丝织贝锦、橘柚）
荆州	下中	上下	羽旄、象牙、兽皮、金、银、铜、各种木材、砥石、砮石、丹朱、竹材、茅、丝织物、绶带、大龟	
豫州	中上	上中～上上	漆、丝、葛布、苎麻、细丝棉、砺石	
梁州	下上	下上～下下	玉、铁、银、砮石，熊、罴、狐、狸等的皮毛	和夷
雍州	上上	中下	玉磬、碧玉、琅玕、毛皮	三苗、西戎

关于九州的具体内容在儒教经典的记载之间也有一些出入。记录了周代政治组织的《周礼·职方氏》中没有徐州和梁州，取而代之的是并州（山西）和幽州（河北北部、辽宁）。解说文字的《尔雅》以

营州（辽宁）取代青州，将梁州换成了幽州。为什么会有这样各自相异的说法呢？内藤湖南认为，《尚书·洪范》中的九个范畴（九个大法）和井田法一样，是因为战国时代的学者们特别重视“九”这个数字，于是根据各自的见解，分配九个州的所在，因此“禹贡”的形成只能追溯至战国时代。

另外，京都府立大学的渡边信一郎在研究《尚书·禹贡》的税收体系时，关注到了九州和夷狄一贯征收的特产贡纳和只在九州征收的田租、赋税重叠。这可以理解为从以贡纳为基础的周代统治，到以赋税为主体的帝国秩序的进化，以及反映了战国末期的政治理念。

九州除了现在所看到的作为行政区划的九个州，还有山脉和水脉交织而成的中国大地的含意。如上节所述，禹考察了九州的山脉，划定了河川的流经之道，开拓了整个疆土。这些内容是《尚书·禹贡》的第二部分，《史记·夏本纪》对此做了如下的评价：

> 九州攸同，四奥既居，九山刊旅，九川涤原，九泽既陂，四海会同。六府甚修，众土交正，致慎财赋，咸则三壤成赋。中国赐土姓：祇台德先，不距朕行。[15]

《尚书·禹贡》的第三部分记载了天下空间的统治结构。从天子之国向周围每250公里设定甸服、侯服、绥服、要服、荒服的五服领域，甸服规定每50公里贡粮的种类，侯服规定每50公里天子的家臣和诸侯的领地，从绥服扩展到要服，天子的教义和刑法的约束力变低，到了荒服一级，就变成了几乎是王所涉及不到的世界。

渡边信一郎指出，这里逐步扩展到周边地区的五服规定的行政区划与九州的行政领域完全不同，因而应该就是将别的文本插入到了《尚书·禹贡》中的。九州重视“九”的数字，而五服则以“五”的数量为基础，这一点也不同。然而，《周礼·职方氏》从方千里的王畿开始，每隔250公里就划分了九服的领域，在这里也和儒教经典有差异。而且，《尚书·禹贡》在最后是这样总结的：

东渐于海，西被于流沙，朔南暨，声教讫于四海。禹锡玄圭，告厥成功。⑯

《史记·夏本纪》的正文参照了《尚书·禹贡》的这一叙述，但其注解（正义）中说道：“帝，尧也。玄，水色。以禹理水功成，故锡玄圭，以表显之。”但是事实上帝是舜，玄圭原本应该是黑色的圭。在各种宫廷礼仪中使用的玉器中，玉圭在任命和恩赏的礼仪中也发挥着重要的作用。正如本书第四章所列举的那样，从龙山文化到二里头文化中使用墨玉的玉圭的精品很多，即使不能将这篇文献附会到考古资料中，也可以将其作为考虑玉圭用途的线索之一。

象征统治的九鼎

春秋时代的公元前606年，南方的楚国逐渐向北扩展势力，在周王城洛阳附近举行了阅兵式。在这里，周定王派遣家臣王孙满去慰劳楚王。楚王向其询问周王宝鼎的大小和重量（《左传·宣公三年》）。这就是著名的“问鼎中原”的故事。

楚子伐陆浑之戎，遂至于雒，观兵于周疆。定王使王孙满劳楚子。楚子问鼎之大小、轻重焉。对曰：“在德不在鼎。昔夏之方有德也，远方图物，贡金九牧，铸鼎象物，百物而为之备，使民知神、奸。故民入川泽、山林，不逢不若。螭魅罔两，莫能逢之。用能协于上下，以承天休。桀有昏德，鼎迁于商，载祀六百。商纣暴虐，鼎迁于周。德之休明，虽小，重也。其奸回昏乱，虽大，轻也。天祚明德，有所厎止，成王定鼎于郏鄏，卜世三十，卜年七百，天所命也。周德虽衰，天命未改。鼎之轻重，未可问也。”⑰

据说，铜鼎是在公元前256年秦昭王灭周的时候得到的，“周民东亡，其器九鼎入秦”（《史记·秦本纪》）。鼎共有九个，由地方的贡纳所造，代表了禹贡九州的领域，可以说是王权对地方统治的象征。据说是为了显示统治中国全境王权的正统性，在夏王朝时代铸造了重器九鼎，而且从夏到商，再从商到周依次继承而来。

关于制作九鼎的有德之夏王，有第一代禹之说和第二代启之说。不管怎样，都被认为是在夏王朝的初期铸造。但是，从考古发现来看，铜鼎的出现是在二里头文化的晚期，而有饕餮纹等神灵表现的铜鼎则是到商代早期二里冈文化时期才出现的。王用九鼎的数量为九则是周代制定的。按照礼的规定，王为九鼎，诸侯为七鼎，卿大夫为五鼎，士为三鼎或一鼎。因而传国的九鼎是根据周代人的思想编造的故事，很难将其追溯到夏禹的时代。

围绕这个传国的宝鼎，还有一些后续的故事。秦始皇在公元前219年巡游时访问了彭城（现在的江苏省徐州市），搜寻在宋国太丘社被毁的时候，沉到了泗水的九鼎之一。（《史记·封禅书》）九鼎中即使缺少一个也会失去王朝的正统性。因而秦始皇举行了斋戒和祈祷，并让上千名劳动者潜入河里搜寻，但还是没能找到此鼎。（《史记·秦始皇本纪》）

图 8 描绘有升鼎内容的汉代画像石

图 8 是山东省嘉祥县出土的东汉时代画像石的拓本。下段是分隔陆地与河流的山脉，山形的山顶上竖立着两根安装了牵引鼎的滑轮的柱子。河里两只船上坐着搜寻鼎的人。经过搜寻鼎是被找到了，但用绳子把鼎拉上去的时候，却发现从鼎中探出头颅的龙咬断了绳子，图中描绘了在陆地上拉绳子的人们倒栽葱的样子。在前排看着这一切的应该是始皇帝及其随从者。这个画像石描绘的内容是表示宝鼎虽然被找到了，但是因为没有德行而没能将鼎拉上来，以此来嘲讽始皇帝。这个地方位于项羽和刘邦的故乡附近，人们对秦始皇的反感根深蒂固，一直流传着否定秦王朝正统性的说法。

结束战乱

尧的时代一直战乱不断。据东汉初期编纂的《吴越春秋》记载，最初修筑城郭的是鲧。“鲧筑城以卫君，造郭以守民，此城郭之始也。”[18]

城郭由执政者居住的内城和平民居住的外城组成两重城墙。与此相关的记载在西汉初期的《淮南子·原道训》中也可以看到。

> 昔者夏鲧作三仞之城，诸侯背之，海外有狡心。禹知天下之叛也，乃坏城平池，散财物，焚甲兵，施之以德，海外宾伏，四夷纳职，合诸侯于涂山，执玉帛者万国。（“化干戈为玉帛”的出处）[19]

鲧欲用武力收拾残局，但未能成功，而禹用仁政使得天下太平，无须防御的城墙和壕沟。这应该是根据鲧尝试用堤坝治水而失败，而禹却因为挖排水沟疏通水流而成功的治水故事改写的。

禹与以武力完成中国统一的黄帝不同，是将以治水为主的民生作为重点，由此取得稳定发展。话虽如此，《战国策·魏策一》中流传着这样一个故事：禹用武力征讨了长江中游的三苗（同《史记·孙子吴起列传》）。战国时代，兵法家吴起（约公元前440—前381年）对魏武侯（公元前395—前370年在位）说：“从前三苗氏的国家以洞庭湖为左，以彭蠡湖为右，但因为不修德行，禹就把它灭了。”《墨子·兼爱下》也收录了禹致远征军的“禹誓”。

> 禹曰：“济济有众，咸听朕言，非惟小子，敢行称乱，蠢兹有苗，用天之罚，若予既率尔群对诸群，以征有苗。”[20]

墨子认为禹征苗是为了安定天下，为天下除害，这才是禹的兼爱。《墨子·非攻下》记载三苗发生暴乱，天命禹诛杀之，之后禹又整治山河，划定物产等级，平定四方，天下终于得以平静。但是，书中又有一段很奇怪的记载：由于三苗的骚乱，夜晚出现了太阳，下了三天的血雨，龙在庙里出现，狗在市场上咆哮，夏天水结冰，等等。这些异常现象使人们感到恐惧，于是禹受上天示意派出讨伐的军队，雷电轰鸣之时人面鸟身的神出现，用箭杀死了三苗的将领，苗军大乱而败。从故事的顺序来看，这段神话出现较早，之后儒家等据此将禹改写为圣人君子。

但是，如前所述，在《尚书·尧典》和《史记·五帝本纪》中，在尧的时期舜把三苗放逐到了西方，在《孟子·万章上》中也认为这应该是舜的事迹。而《战国策》《墨子》《孟子》都是战国时代游说家们的著作，都用禹的故事作为引导辩论的有力手段，所以不知道典据有多可靠。就连三苗的实际存在都不能确定，在这里即使是同一个故事，主人公也会因论者而异。

死于会稽

舜推荐禹作为后继者，十七年后驾崩。三年丧期过后，禹谦虚地让位给舜之子商均而退居阳城，但是因为诸侯们都入阳城朝贡禹，于是禹顺势登上了天子之位。

禹用治水开拓九州，制定贡纳制的事迹是在舜时代形成的。禹的大多数功绩都是在舜的领导下取得的，但关于他即王位以后的活动，几乎没有记录。只是在《史记·夏本纪》的末尾，司马迁如是叙述：

> 或言禹会诸侯江南，计功而崩，因葬焉，命曰会稽。会稽者，

会计也。[21]

这或许是司马迁二十岁时为了寻求流传各地的传说而“上会稽，探禹穴（登会稽山探查禹穴）”（《史记·太史公自序》）时听到的传闻。“禹穴”是指禹墓。在战国时代就已经存在禹历访各国，监督诸侯们的统治，最后在会稽驾崩下葬的故事。在《墨子·节葬下》中描述尧、舜、禹的墓都是朴素的，其中关于禹的墓有以下详细的记载。

> 禹东教乎九夷，道死，葬会稽之山，衣衾三领，桐棺三寸，葛以缄之，绞之不合，道之不坎，土地之深，下毋及泉，上毋通臭。既葬，收余壤其上，垄若参耕之亩，则止矣。[22]

会稽是春秋末期越国崛起的地方。在此之前，这里是中原文化所无法触及的边境地区。这篇记载是为了告诫人们不要建造巨大的坟墓并厚葬，特别强调了坟墓应该简朴，禹因访问边境会稽而驾崩的传说确实存在于战国时代。那是秦始皇在他生命的最后一年（公元前210年）从都城咸阳出发，首先从云梦遥望九疑山，以祭祀舜，再从长江而下，来到钱塘江再到会稽。他在那里举行了对禹的祭祀，并在会稽山上立碑以纪念自己统一天下的丰功伟绩。

探访会稽“禹穴”的司马迁，在《史记·夏本纪》中没有提及禹的墓葬，而是以传说的形式记录下来，因此司马迁也没有确切的证据证实禹的临终状况。然而，《墨子·节葬下》中的故事却将此逐渐固定下来。东汉早期的袁康和吴平辑录的《越绝书·外传记地传》，在《墨子·节葬下》一文的基础上增加了如下内容：“坛高三尺，土阶三等，延袤一亩。”据说那是一座小小的三层土台的墓丘。

对大禹的祭祀一直在会稽的墓地里举行。《史记・越王勾践世家》中记有：

> 越王勾践，其先禹之苗裔，而夏后帝少康之庶子也。封于会稽，以奉守禹之祀。[23]

越王勾践是与吴王夫差战斗过的春秋末期霸主。少康是第六代的夏王。在边境崛起的越，把自己与禹和夏王朝结合起来，建立了与禹相连的王系，并通过继续祭祀禹来主张其王权的正统性。据东汉赵晔所著的《吴越春秋・越王无余外传》中记载，继承了禹的王位的启每一个季节都在越祭祀禹，把宗庙立在南山，少康把庶子无余封派到越，让他继续祭祀禹。根据周礼的规定，祖先祭祀是在都城内的庙里进行的，这种在墓地的祭祀是史无前例的。舜和禹都是在对夷狄教化的途中去世并被埋葬在边境地区的，这种写法本身就是很不寻常的。

禹生于西南边疆，开拓了全境，在东方边境结束了他波澜壮阔的一生。现在浙江绍兴市郊的会稽山北麓现存的陵墓和庙宇多为明清时代的建筑物（图 9），称之为“大禹陵”，其中的碑廊矗立着由明清书法家书写碑文的石碑。

图 9　大禹陵

民间信仰中的禹

与其他古籍文献记载中的圣王们不同，大禹还是民间信仰中的一位神祇。近年来，在长江中游地区出土的战国时代的竹简、帛书等文字资料进一步证明了这一点。这一地区因为地下水位高，墓葬里随葬的竹木和绢丝等有机质文物因浸在水里而被保存下来。

记载有禹的最早竹简文书是湖北省荆门市包山 2 号墓出土的战国时代的占卜记录。墓葬主人是公元前 316 年病故的楚国王族人员，据早稻田大学工藤元男的解读，竹简中出现禹的部分是墓主在其死前两年请占卜师占卜“在宫廷侍奉楚王的一年内有无灾难”，答案是“吉，但因身体有恙，愿望会稍晚一些实现”，于是他又向大禹神进行消灾祈祷的占卜，得到答案“吉，其间有喜事”。死者在临死前的三年里反复进行着这样的占卜和祈祷，祭祀的对象除了天地神灵，还有祖先神和宅邸神等，大约有四十来个神，禹只是这些神中的一位，并没有特别的地方。

到了秦代，在湖北省云梦县睡虎地 11 号墓出土的“日书”占卜文书中，是把禹作为旅行之神而供奉的。墓葬的年代是公元前 217 年，墓主是秦占领楚的领地后而设置的南郡官员。工藤元男从“日书”的记载中复原了如下的礼仪。旅行之人首先通过占卜来慎重了解出发和回家日子的吉凶。出发的时候，为了寻求旅行中的保佑在城门要走“禹步”，并念着咒语“啊，为了我的旅行不受灾祸，我要为先知禹而出路”，在地面画上符咒，然后出发。回家的时候，也会把一直守护着的禹符扔到地面上，除去异境中的污秽，一边走“禹步”向禹祷告，一边穿过城门回家。

大禹为了治理全境，十三年不回家，奔波于各地。禹之所以被尊为旅行之神，大概也是基于这样的传说吧。“禹步”是指走路时一条腿拖着另一条腿的行走方式。战国时代的《荀子·非相》称其为“禹跳”，在其引注的楚书《尸子》中认为，因为禹干力气活太久，导致手指甲全部脱落，腿上长不出小腿毛，脚痛难忍才造成了这种一条腿拖着另一条腿行走的方式。秦吕不韦编纂的《吕氏春秋·恃君览》也说禹的脸晒黑了，他有一条腿拖着另一条腿的走路方式。战国时代，“禹步”传播到中国的南北各地。这也是后来道教祭司踏上阶梯的礼仪，在东晋葛洪所著的《抱朴子》内篇的“仙药篇”和“登涉篇”中有详细记载。法国汉学家葛兰言（Marcel Granet，1884—1940）对“禹步”的描述是：“右脚向前，左脚在后，保持正确的姿势。然后再次将右脚向前伸，左脚紧贴右脚，同时双脚并拢，这是第一步。接着将右脚向前伸，左脚再向前伸，左脚紧贴右脚，双脚并拢，这是第二步。接着将右脚大步向前，再将左脚紧贴右脚，并将两腿并齐，乃第三步。”这也是道教在召唤神灵或驱除恶灵时跳的踏舞，直到近代一直被中国南方的民间道教传承下来。这种习俗在广西到台湾的大范围内都有分布。

湖南省长沙市马王堆3号汉墓出土的公元前168年的帛书《五十二病方》，是一份写有疾病处方的医书，上面可以看到对禹、“禹步”的记载。比如患者被毒蛇咬伤后，医者将泥水沉淀后所得的清水装入杯中，左手捧着，朝北，向患者走“禹步”三次，这是处方之一。对疣的治疗方法是：在每月的最后一天的傍晚，将鸡蛋大小的土块（男的七个，女的十四个）放在屋后面，南北摆放，天黑后到放土块的地方走三次“禹步”。接着从南方取土块，一边念着“今天是除夕，把疣往北侧擦”，一边擦土。另外，对于小肠疝气患者的处方是：辛卯日向东站在堂下，面向日出的方向招引患者，称“今日辛卯，更名曰禹”。另一个处方是：使患者的头朝北，躺在朝北的房檐下，走三次“禹步”，边走边说“啊，狐狸，你知道某某（患者的名字）的病都是狐狸的错”，反复念三遍咒文。据说除此之外，在被小鬼附体的情况下，也要走“禹步”三次。这些都是将“禹步”与萨满的咒术相结合的处方，虽然没有科学依据，但是在战国时代以后在民间广泛传播。

为什么对大禹的信仰以“禹步”的形式如此广泛地传播到民间呢？原因之一可能是禹与其他圣王不同，他身着劳动者的装束，不辞辛苦地为民众服务。西汉末的扬雄《法言·重黎》中有“巫师步而多禹步”之说，并且晋李轨的注解认为，虽然禹拖着脚跋山涉水，但因为是圣人，鬼、猛兽、蜂、毒蛇等均不袭击禹，所以世上模仿“禹步”的巫师很多。正因为禹是平民出身的圣人，所以才被人们广泛接受。

虚构的尧、舜、禹传说

在中国，直到20世纪初儒教的政治统治仍在持续，所以对于《尚书》《春秋左氏传》等经典和正史之首的《史记》不允许抱有疑问。但是，记载了黄帝、颛顼、喾、尧、舜五帝事迹的《史记·五帝本纪》和有关禹的《史记·夏本纪》，因其故事过于理想化，对其可信性产生疑问也是理所当然的。

对五帝传说历史抱有疑问并论证其虚构性的日本学者受到了西欧历史学的影响。首先，东京大学的白鸟库吉认为尧的事迹主要关系到天文历法，而舜则着眼于人间生活，禹的事迹主要是治水等与大地有关，三圣的故事是根据自古以来就有的天、地、人三才说而创作的。而且白鸟库吉认为，为了与提倡尧、舜、禹的儒家对抗，道家开始称赞黄帝。京都大学的内藤湖南则认为，在汉代以前有五帝的年代顺序说和空间分布说两种，东汉时代综合这两种说法，由此形成了现今的五帝说。

按年代顺序看五帝说的代表是《史记》。而《易经·系辞下》与《史记》不同，列举了庖牺氏、神农氏、黄帝、尧、舜。与此相对，《礼记·月令》（原《吕氏春秋·十二纪》）认为这是空间分布上的差距，列举了黄帝、炎帝、颛顼、太皞、少皞。另外还有根据各种地方传说形成的五帝说，内藤湖南首先根据方位神整理了五行说，然后按时间排列，由此认为五帝在汉代时被认为是理想的历史人物。他还断定，最早叙述尧、舜的《论语》思想是因为需要与墨家竞争而产生的。同样，京都大学的青木正儿（1887—1964）也认为对尧、舜大加赞赏的《论语》思想与道家和孟子的思想相近，而且在《诗经》中虽然禹也有登场，但是却没有看到尧、舜，因此比禹的传说晚出的尧舜传说显然是杜撰的。

另外，高举疑古派大旗的顾颉刚，列举《诗经》《尚书》《论语》三部最古老的文献，指出对禹的观念可以分四个阶段。第一阶段是《诗经·商颂·长发》中的“禹敷下土方（大禹平治四方地）”这一开天辟地的神的观念。第二阶段是《诗经·鲁颂·閟宫》里的“奄有下土，缵禹之绪（拥有天下这片沃土，继承夏禹的业绩）”把禹看作第一个王。第三阶段是《论语·宪问第十四》中的“禹、稷躬稼，而有天下（禹和稷都亲自种植庄稼，得到了天下）”和《论语·泰伯第八》中的“卑宫室，而尽力乎沟洫（他自己住的宫室很低矮，却致力于修治水利事宜）”认为禹是为农业和水利做出贡献的王。第四阶段是《尚书·尧典》中的“禹拜稽首，让于稷、契暨皋陶（禹叩头拜谢，推让给稷、契或皋陶来担任）”，认为禹谦虚礼让同等看待其他几位被推荐的继承人。顾颉刚还断言，因为《诗经》中没有提及尧、舜，《论语》中也没有具体的事迹，而《尚书·尧典》中首次记载了尧、舜的德行和政治，所以在年代顺序上看这两位圣王是后来增加的。

根据以上对史料的批判，基本证明了五帝说是虚构的。特别是我们对五帝中记载比较多的尧、舜和禹建立夏王朝的故事是如何创作出来的具体过程有了比较明确的了解。近年来，虽说出土文字资料表明禹开疆拓土的神话可以追溯到西周时代，但也没有动摇这些早年间进行的实证研究结果，反而增强了顾颉刚划分的第一阶段在西周中期、第二阶段在春秋中期这一结论的正确性。此外，记载尧、舜等五帝名字的战国时代以前的出土资料还没有发现，要将其视为史实还是比较困难。

在日本，也有很多研究者一边认为这些传说是在战国时代创作的，一边极力寻找商王朝以前的历史线索。例如，京都大学的佐藤长（1913—2008）研究推测，在山西南部盐池的制盐族群崇拜日神尧和水神禹，而山东西部则有崇拜农业神舜的族群，这些都通过商、西周时代继承着各自的祭祀，而到了战国时代，山东的田氏为了将篡夺齐国正当化，创造了将这两个系统的神话相互融合的有德圣人禅让王位的传说，而这就是后来在山东活动的孔子、孟子等儒家们编纂的历史。另外，研究禹的民间传说的工藤元男认为，分布在河南中部到山西南部的二里头文化是羌人的产物，他们后来被商势力所驱赶而逃到了黄河上游，而后南下迁至四川西部的岷江上游，因而推测这是羌人崇拜禹的传说蔓延到了四川的原因。以上两位先生都尝试确定了传说的流传地区，试图以其恢复族群和地区的历史关系。

但是，要想客观评价五帝和禹的故事哪一个是史实哪一个是虚构，可以说是很难的。在古典文献记载的有关禹的传说中，有特定地域的传说，有在四川西部西夷出生的故事，有在东南越族之地驾崩的故事，有分流黄河主流进行治水的故事，有把全国分成九个州贡献特产的故事，还有讨伐长江中游三苗的故事，等等，但是这些记载均应该作为战国到西汉时代人们的世界观来考虑。传说发生的年代与文献记录的年代相隔近 1000 多年，即使传说发生的时代能与史实附会，但是也无法找到其他能证明这一点的资料。另外，在中国各地流传的关于禹的传说中，战国时代中国南北的“禹步”咒术广为流传，现在的民俗志已经明确其分布从四川到广西和台湾，但是哪个地区的传承是最古老的，能追溯到什么时代，又是如何传承的等这些方面也只能任凭想象了。

总之，战国时代以后被笔录下来的古典文献，是其以前没有特定时代的资料，因而不能以此来确定五帝和禹时代的历史。这就是本章的结论。

※　※　※

注释

① 太史公说：学者多称颂五帝，由来已久。可是《尚书》只记载尧之后的史事，而诸子百家谈论黄帝，其文章不仅无事实依据，而且文辞也不够优美，所以就连士大夫也难以讲说得清楚明了。孔子所传《宰予问五帝德》及《帝系姓》，儒者们多不传授学习。

② 我曾经西到崆峒，北过涿鹿，东达渤海，南渡江淮，到过那些老人都经常各自谈论黄帝、尧、舜等活动过的地方，其风俗教化本来就大不一样，总的说来，以不肯背离《尚书》所记载的为接近正确。我读《春秋》《国语》，其中阐发《五帝德》《帝系姓》两篇的大意非常明显，但可惜儒者不深入考察，其实它们记载的都不虚妄。《尚书》里面有很多残缺散佚的史事，时时在其他的记载传说中可以见到，如果不认真学习，深入思考，领会它的意义，确实很难同见闻浅薄的人谈论清楚。我根据古文和诸子百家有关五帝的著作编订撰论次序，选择那些语言特别典雅的记载，写成《五帝本纪》，放在十二本纪之首。

③ 舜生于诸冯，迁至负夏，卒于鸣条，为东夷人。

④ 禹的父亲鲧，是帝王颛顼的后代。鲧娶了有莘部落的女儿女嬉，可她到了壮年还没能生育。当她在砥山游玩的时候，发现一颗薏苡珠并把它吞了，心神好像被人触

动了一样，因此而怀了孕，结果剖开胸膛而生了高密（即禹）。鲧落户在西羌，地名叫石纽。石纽在今四川省汶川县境内。

⑤ 古时大禹治理天下，西边疏通了西河、渔窦，用来排泄渠水、孙水和皇水；北边疏通防水、原水、泒水，使之注入昭余祁和滹沱河，在黄河中的砥柱山分流，凿开龙门以有利于燕、代、胡、貉与西河地区的人民。东边穿泄大陆的迂水，拦入孟诸泽，分为九条河，以此限制东土的洪水，用来利于冀州的百姓。南边疏通长江、汉水、淮河、汝水，使之东流入海，以此灌注五湖之地，以利于荆楚、吴越和南夷的百姓。

⑥ 然而黄河泛滥成灾，给中原造成很大危害。他把治理黄河当作首要任务，因此从积石山开始引导黄河水流，经过龙门，南流到华阴县，东下经砥柱山以及孟津、洛水的弯曲处，到达大邳山。大禹认为黄河发源地高，水流湍急，难以在平地上流行，几次疏导失败，于是就把黄河分流成两条河以减小水势，向北引水过高地，经过降水，到达大陆，分布而成九条河，在迎河汇聚，流入渤海。九州的河流已被疏通，九州的湖泽已被筑堤，华夏各国得到治理而安定，功绩使夏、商、周三代受益不绝。

⑦ 茫茫无际的禹迹，被划分成了九州，开通了条条的道路。

⑧ 洪水茫茫浪滔天，大禹平治四方地。畿外大国定疆界，幅员辽阔边界长。

⑨ 丰水奔流向东方，大禹功绩不可忘。四方诸侯来依附，大王树立好榜样。大王真个是贤明的王！

⑩ 上天命令大禹领有、管理下土，开辟山峦，疏浚河川。

⑪ 禹划分了九州的土地，在经过的路途上顺着山岭砍削树木作为路标，并且为高山大川命名。

⑫ 秦襄公说：我的皇位光明而又伟大。我的祖先接受了上天的命令，筑犬丘于禹迹西汉水上游的草坝。我们定居在这里已十二代了，把都邑建立在西陲黄土高坡之下。我的父亲庄公，恭敬地执行了周宣王的命令。击败了西戎，保住了秦人的基业，捍卫了周王室的安宁。嬴秦的威名远扬，西戎侵扰，悚惧惶恐，胆战心惊。我虽开国为侯，带头高举着祖宗传统的美政美德。勇猛强悍，刚正显赫。把满足万民的需求，当作自己神圣的职责。

⑬ 叔夷数典其先祖，溯及自己的高祖，在赫赫成汤身边，在威严成汤帝之所，领

受了天命，扫荡并消灭了夏代余孽。训练那神灵的军队，都是伊尹辅助的，最终全部得到了九州大地，并立国在大禹的土地之上。

⑭ 黄海、泰山及淮河之间是徐州。淮河、沂水治理好以后，蒙山、羽山一带已经可以种植了，大野泽已经停聚着深水，东原地方也获得治理。这里的土是红色的，又黏又肥，草木不断滋长而丛生。这里的田是第二等，赋税是第五等。进贡的物品是五色土，羽山山谷的大山鸡，峄山南面的特产桐木，泗水边上可以做磬的石头，淮夷之地的蚌珠和鱼，还有用筐子装着的黑色的细绸和白色的绢。进贡的船只从淮河、泗水，到达与济水相通的菏泽。

⑮ 九州由此统一了，四方的土地都已经可以居住了，九条山脉都伐木修路可以通行了，九条河流都疏通了水源，九个湖泽都修筑了堤防，四海之内进贡的道路都畅通无阻了。各府都治理得很好，各处的土地都要征收赋税，并且规定慎重征取财物赋税，要根据土地的上、中、下三等来确定。九州之内赐给诸侯土地和姓氏：敬重以德行为先，又不违抗措施。

⑯ 东面到大海，西面到沙漠，南北及于极远之地，华夏的声威教化遍及四海九州。于是禹被赐予玄色的美玉，用以向普天之下宣布治水成功。

⑰ 楚庄王发兵攻打陆浑的戎人，到达雒水，在周朝的直辖地域陈兵示威。周定王派遣王孙满慰劳楚庄王。楚庄王问起九鼎的大小轻重如何。王孙满回答说："鼎的大小轻重在于德而不在于鼎本身。从前夏朝正是有德的时候，把远方的东西画成图像，让九州的长官进贡铜器，铸造九鼎并且把九州图刻画在鼎上，所有物像都刻在上面了，这让百姓知道神物和怪物。所以百姓进入川泽山林，就不会碰上不利于自己的东西。魑魅魍魉这些鬼怪都不会遇上，因而能够使上下和谐，以承受上天的福佑。夏桀昏乱，把鼎迁到了商朝，前后六百年。商纣暴虐，鼎又迁到了周朝。德行如果美善光明，鼎虽然小，也是重的。如果奸邪昏乱，鼎虽然大，也是轻的。上天赐福给明德的人，是有一定期限的。成王把九鼎固定在郏鄏（古地名，即周朝王城所在，在今河南省洛阳市），占卜的结果是传世三十代，享国七百年，这是上天所命令的。周朝的德行虽然衰微，天命并没有改变。鼎的轻重，是不能询问的。"

⑱ 鲧修筑城堡用来保卫君主，建造城墙用来守护百姓，乃筑城第一人也。

⑲ 过去夏鲧修建高的城墙来防范，但结果反而是诸侯叛乱，海外各国也都生狡诈之心。禹看到这点，就拆毁城墙，填平护城河，散发财物，焚烧兵器盔甲，广施仁德，结果四海臣服，夷族纳贡，禹在涂山会见成千上万带着玉器、锦缎来朝会的诸侯。

⑳ 大禹说："你们众位士子，都听从我的话：不是我敢横行作乱，而是苗民在蠢动，因而上天对他们降下惩罚。现在我率领众邦的各位首领，去征讨有苗。"

㉑ 有人说禹在长江南会聚诸侯，因为是在考核诸侯功绩时死的，就葬在那里了，所以，把埋葬禹的苗山改名为会稽山。会稽就是会计（会合考核）的意思。

㉒ 大禹去东方教化九夷，在半路死了，葬在会稽山上，衣衾三件，用桐木做三寸之棺，用葛藤束住，虽然封了口但并不密合。凿了墓道，但并不深，掘地的深度下不及泉，上不透臭气。葬毕，将剩余的泥土堆在上面，坟地宽广大约一亩地就行了。

㉓ 越王勾践的祖先是夏禹的后裔，是夏朝少康帝的庶出之子。少康帝的儿子被封在会稽，恭敬地供奉继承着夏禹的祭祀。

第二章

夏王朝是真实存在的吗？

——传说与史实之间

一、夏王朝的建立

从禹到启

前一章讲述了在舜手下的禹建功立业的种种事迹。这一章我们来讨论禹在舜之后继承王位并开创夏王朝的经过。《史记·夏本纪》有如下记述：

> 帝舜荐禹于天，为嗣。十七年而帝舜崩。三年丧毕，禹辞辟舜之子商均于阳城。天下诸侯皆去商均而朝禹。禹于是遂即天子位，南面朝天下，国号曰夏后，姓姒氏。[①]

关于禹即位之后的事迹，《史记·夏本纪》几乎没有记录，仅仅是简单地记载了这位继承者。被舜的手下推荐的继位者还有一位是与禹一起建立功勋的皋陶。虽然禹将他立为继承人，但是因为皋陶不久就去世了，所以将他的子孙封于“英”“六”“许”。根据《史记·夏本纪》的注释（正义），皋陶出生于曲阜，封给其子孙的“英”“六”“许”被认为是在河南东部到安徽北部的淮河流域一带。魏晋时代，皋陶是被作为东方系的氏族看待的。

即位十年后，禹东游，驾崩于会稽。当时按照惯例，指名臣下的益为后继者，但益在三年服丧之后，让位给禹之子启，自己隐居到箕山。从尧到舜，然后从舜到禹的时候，都有三年服丧结束后，被王指名的有德的舜和禹都把王位让给了先王的儿子，自己离开都城隐遁而去的故事。但是，因被拥立的尧之子丹朱和舜之子商均都较愚钝，所以诸侯们都支持先王指定的舜和禹，并一致推戴其继承王位。然而，禹和涂山氏女儿的儿子——启却很有才能，很有威望，而禅让的益却因为执政的日子太短而未能得到诸侯们的信任。因此，启就接受了诸侯们的推戴而即位。

益侍奉舜，掌管山林川泽的开拓，并在禹即位后是和后稷一起致力于全国安定的功臣。从其业绩之大来看，禹将益指定为王位继承者也是理所当然的。与此相对，启只是禹与涂山氏的女儿生下的儿子，在取得王位之前的功绩几乎无人知晓，而且启代替益继承王位是违背父亲遗命的。这个王位继承有问题——谁都会抱有这样的疑问。在战国时代代表儒家的孟子门下便有人就这件事向孟子进行了提问。（《孟子·万章上》）

万章问曰："人有言，'至于禹而德衰，不传于贤而传于子'，有诸？"

孟子曰："否，不然也。天与贤，则与贤；天与子，则与子。昔者，舜荐禹于天，十有七年，舜崩。三年之丧毕，禹避舜之子于阳城，天下之民从之，若尧崩之后不从尧之子而从舜也。禹荐益于天，七年，禹崩。三年之丧毕，益避禹之子于箕山之阴。朝觐讼狱者不之益而之启，曰：'吾君之子也。'讴歌者不讴歌益而讴歌启，曰：'吾君之子也。'丹朱之不肖，舜之子亦不肖。舜之相尧、禹之相舜也，历年多，施泽于民久。启贤，能敬承继禹之道。益之相禹也，历年少，施泽于民未久。舜、禹、益相去久远，其子之贤不肖，皆天也，非人之所能为也。莫之为而为者，天也；莫之致而至者，命也。匹夫而有天下者，德必若舜、禹，而又有天子荐之者，故仲尼不有天下。继世以有天下，天之所废，必若桀、纣者也，故益、伊尹、周公不有天下。伊尹相汤以王于天下，汤崩，太丁未立，外丙二年，仲壬四年。太甲颠覆汤之典刑，伊尹放之于桐，三年，太甲悔过，自怨自艾，于桐处仁迁义，三年，以听伊尹之训己也，复归于亳。周公之不有天下，犹益之于夏，伊尹之于殷也。孔子曰：'唐虞禅，夏后殷周继，其义一也。'"②

孟子用天命来回答王位继承只是对结果的解说，而没有回答"益为什么不能成为王，启有没有继承禹之道的能力"这个问题。

《史记》的记载参考了《孟子》的内容，但从益到启的王位交替背后隐藏着司马迁故意没有触及的故事。这就是在《竹书纪年》中记载的启杀益后即位的具有冲击性的事件。《战国策·燕策一》和以此为基础的《史记·燕召公世家》也一样，有人对燕王说了如下一段话：

禹荐益，已而以启人为吏。及老，而以启人为不足任乎天下，传之于益。已而启与交党攻益，夺之。天下谓禹名传天下于益，已而实令启自取之。③

成为益的臣下的启如果杀了主君夺去了王位，那就是叛逆行为，在儒教中是应该受到谴责的大事件。写有《史记·燕召公世家》的司马迁当然知道这件事。尽管如此，在《史记·夏本纪》的著作中，以《孟子》为基础，用儒教道德篡改了这幕交替剧的事实，使王位的世袭正当化。

无论王位继承的实际情况是怎样的，其结果是从禹到其儿子启第一次世袭王位，直到第十七代王桀，基本都是儿子继承父亲王位的世袭制。因此，在以《史记》为首的传统历史学中，夏被认为是中国第一个王朝，而禹被认为是第一代夏王，启被认为是第二代夏王。也就是说，王位的世袭被认为是王朝的必要条件。

启的传说

关于启有一个不可思议的传说，那就是启是从石头里诞生的。《汉书·武帝纪》提到在元封元年（公元前 110 年）武帝登上中岳嵩山，“看到了夏后——启的母亲化作的石头”，唐朝的颜师古在其注解中引用了《淮南子》中的说法。

> 禹治鸿水，通轘辕山，化为熊，谓涂山氏曰：“欲饷，闻鼓声乃来。”禹跳石，误中鼓。涂山氏往，见禹方作熊，惭而去。至嵩高山下化为石，方生启。禹曰：“归我子。”石破北方而启生。④

《淮南子》是武帝时期淮南王刘安编纂的书，现在的版本中看不到这段故事。但是，在汉武帝时期就已经有启的母亲在嵩山脚下变成石头的传说，朝廷曾进行了启母石的祭祀。嵩山是位于河南省洛阳市偃师区和登封市之间的一座名山，是五岳中的中岳。嵩山的南麓还留有东汉时代建造的启母庙石阙。启诞生于石头的传说，也许和这个启母石的传说有关。

启虽然被拥戴为夏王，但也有反对他的势力。那就是位于现今陕西省户县同姓氏的有扈氏。启发动了征讨有扈氏的军队，在甘之地与有扈氏作战，取得了胜利。他给临战时六军将士的训话被称为“甘誓”，《尚书》中收录了这段话。

> 嗟！六事之人，予誓告汝：有扈氏威侮五行，怠弃三正，天用剿绝其命。今予惟恭行天之罚。左不攻于左，汝不恭命；右不攻于右，汝不恭命；御非其马之正，汝不恭命。用命，赏于祖；弗用命，戮于社，予则孥戮汝。⑤

古代的战车上，除了操纵马的御者，还有一个持弓箭的士兵站在左边，一个持矛的士兵站在右边。在中国，从商晚期的殷墟遗址出土的马车是最古老的，夏代的二里头文化自不必说，在商早期的二里冈文化中也没有发现马和马车的证据。因而这篇在战国时代写的“甘誓”，并不是夏王朝时代的文章。另外，在《墨子·明鬼下》所引用的《夏书》中，把其作为“禹誓”，《庄子·人间世》中也有禹讨伐有扈氏的记载，由此可知，在《尚书》编纂之时，已经有一些相左的传说。

二、纷乱的夏王朝

太康的失政

由于消灭了有扈氏，夏王朝的统治看起来很安定。但是，启驾崩之后，其子太康继位，太康只顾着田猎而忽略治理国家政治，所以被后羿夺取了王都。太康兄弟五人藏在洛水北，悔恨被赶出王城而创作了《五子之歌》（《尚书》中的一篇，是魏晋时期的伪作）。太康驾崩后弟弟仲康继位，但据说掌管天文的羲和氏沉溺于酒色，导致天运紊乱，王朝显著衰退。也有传说作为弓箭大师的后羿，因为同时出现了十个太阳，根据尧的命令只留下一个太阳，将另外九个全部射落，把人们从干旱中拯救出来。（《淮南子·本经训》）

另外，在《左传·襄公四年》中，有魏庄子为了告诫喜爱田猎的晋侯而引用与《尚书》《史记》稍有不同的故事。这里只摘选与夏有关的部分如下：

> 昔有夏之方衰也，后羿自鉏迁于穷石，因夏民以代夏政。恃其射也，不修民事，而淫于原兽。弃武罗、伯因、熊髡、龙圉，而用寒浞。寒浞，伯明氏之谗子弟也，伯明后寒弃之，夷羿收之，信而使之，以为己相。浞行媚于内，而施赂于外，愚弄其民，而虞羿于田。树之诈慝，以取其国家，外内咸服。羿犹不悛，将归自田，家众杀而亨之，以食其子，其子不忍食诸，死于穷门。靡奔有鬲氏。浞因羿室，生浇及豷，恃其谗慝诈伪，而不德于民，使浇用师，灭斟灌及斟寻氏。处浇于过，处豷于戈。靡自有鬲氏，收二国之烬，以灭浞而立少康。少康灭浇于过，后杼灭豷于戈，有穷由是遂亡，失人故也。⑥

同书的《哀公元年》中也有与之相关的故事。这是卧薪尝胆故事中著名的吴越之争时，吴王夫差将越王勾践逼到会稽山，欲与勾践缔结和议时，伍员（子胥）所说的话：

> 昔有过浇杀斟灌以伐斟寻，灭夏后相。后缗方娠，逃出自窦，归于有仍，生少康焉。为仍牧正，惎浇能戒之。浇使椒求之，逃

奔有虞，为之庖正，以除其害。虞思于是妻之以二姚，而邑诸纶。有田一成，有众一旅。能布其德，而兆其谋，以收夏众，抚其官职。使女艾谍浇，使季杼诱豷，遂灭过、戈，复禹之绩。⑦

伍员主张，如果将吴王夫差比作过浇，将越王勾践比作少康，夫差放过了勾践的话，越国不久就会取得复兴并开始反抗吴国。越王勾践的祖先被认为是少康的庶子（《史记·越王勾践世家》），也许与这个传说有关。越国十多年后攻陷了吴都，形势完全逆转了。这个伍员的故事就这样被《史记·吴太伯世家》引用了。但是，《史记·夏本纪》只是以《尚书》为蓝本记载了太康被赶出都城的事实，完全没有涉及二代后的相被杀害、少康复兴等事情。在《左传》中看到的两个故事都是为了告诫主君的比喻，并不一定是基于真实的传承，所以在《史记·夏本纪》中可能是故意省略的。话虽如此，夏本纪只是简单列举了王系，《左传》则详细记载了从第三代的太康到第六代的少康是极为多难的时代，至少在战国时代存在着这样的传说。

然而，在《竹书纪年》中不仅没有相被杀害的事件，还可以看出从相的时代开始，夏王朝就在积极推进东方战略。首先，相即位后定都商丘，当年攻淮夷，次年攻风夷和黄夷，相七年于夷来朝。有学者认为都城商丘是在现今河南东北部的濮阳市，淮夷、风夷、黄夷、于夷都是从山东到安徽、江苏一带的地方性集团，所以在相的时代可能以河南东部到山东地区为舞台，发生了夏夷势力之争。《竹书纪年》也有后来的“夏伯杼子东征，获狐九尾”“后芬即位，三年，九夷来御”“不降即位，六年，伐九苑”“后发即位，元年，诸夷宾于王门，再保庸会于上池，诸夷入舞”等这些记载。舞蹈的奉纳是象征服从的礼节。夏王朝压制了东夷诸族。这些记载到底是单纯的传说，还是曾经存在的历史事实，仅靠古典书籍的记录是很难得出结论的。的确，《春秋左氏传》和《竹书纪年》所描写的历史是完全相反的，我们要避免无视这一矛盾，仅取其中一个记录。

灭亡的征兆

回到《史记·夏本纪》中，到第十四代王孔甲时，夏王朝更加衰败了。因为孔甲是无道又淫乱的，所以诸侯们纷纷叛离。关于此时发生的不可思议事件，《史记·夏本纪》如是记载：

> 天降龙二，有雌雄，孔甲不能食，未得豢龙氏。陶唐既衰，其后有刘累，学扰龙于豢龙氏，以事孔甲。孔甲赐之姓曰御龙氏，受豕韦之后。龙一雌死，以食夏后。夏后使求，惧而迁去。[⑧]

在司马迁作为典据的《左传·昭公二十九年》中则记载了因孔甲有德而天帝赐龙，以及刘累的子孙是晋的范氏。但是，《史记》中的孔甲是无德之王。西周最后的幽王（公元前 781—前 771 年在位）宠爱妾褒姒，褒姒生下伯服后，就打算废除申后生下的嫡长子宜臼。那时，太史（史官）伯阳把夏王朝末期发生的这个事件列举出来，预言了周王朝的灭亡。（《史记·周本纪》）

> 昔自夏后氏之衰也，有二神龙止于夏帝庭而言曰："余，褒之二君。"夏帝卜杀之与去之与止之，莫吉。卜请其漦而藏之，乃吉。于是布币而策告之，龙亡而漦在，椟而去之。夏亡，传此器殷。殷亡，又传此器周。[⑨]

周厉王（公元前 877—前 841 年在位）打开了禁忌之器，龙沫变身蜥蜴，潜入后宫让童妾受孕。出生的孩子很快就被抛弃了，但是由于偶然的相遇在褒国培育长大，并送给幽王。根据《史记·周本纪》的注释（索隐），褒国和夏王朝一样是姒姓，而在礼仪的规定中，女人的名字应是国名和姓的结合，所以称之为褒姒。根据引《史记》注（正义）的唐朝《括地志》，褒国的位置应该是梁州褒城县（陕西省汉中市）。在这个故事中，出现在夏王庭上的两条龙，被认为是褒国的祖先神，事件的内容也和《史记·夏本纪》的故事不一样。厉王因政权管理不善，被叛乱的人们赶出首都，就此客死在外地。据说，厉王时期王朝开始衰退，其孙幽王因宠爱褒国派来的龙女而导致了王朝的最终崩溃。龙的出现是王朝迎来终结的预兆，西周王朝不仅重复了和夏王朝相同的历史，而且也与姒姓的龙有关联。

葛兰言认为，龙是夏王（姒姓）族的图腾，夏正是通过龙得到褒姒，也正是龙将夏族结合起来，所以夏有养龙吃龙的礼仪。这些是记载夏的始祖禹的古文，正如立命馆大学白川静（1910—2006）指出的那样，将雌雄二龙组合在一起的形式并不是没有关系的。相传禹的继承者启也乘着二龙在天上世界之间穿梭。（《山海经·海外西经、大荒西经》）二龙交会的姿态，到了汉代开始通过人头龙尾的伏羲、女娲的形象而被广泛地描绘在画像石上。

夏王朝的灭亡

据《史记·夏本纪》记载，孔甲时期夏王朝开始衰退，而《竹书纪年》则记载，在那一代前的胤甲时期，十个太阳同时升起。关于十日神话，《山海经·海外东经》和《淮南子·本经训》等都认为是尧时的事件，《史记·夏本纪》说仲康时掌管天文的羲和氏沉溺于酒色，天行混乱。《竹书纪年》则说由于胤甲失去德行而导致太阳运行紊乱，大地遭遇了严重的干旱。《国语·周语》中的“昔伊、洛竭而夏亡”[10]，也说明这似乎是一个与干旱有关的故事。

夏王朝最后的王是第十七代的桀。桀用武力给人们带来痛苦，又把商的汤召来关押在夏台的牢里，后来又很快释放了他。有德的汤于是召集诸侯，率兵讨伐桀。桀败走鸣条，死在了那里。当时桀后悔道“因为没有在夏台把汤给杀了，所以才造成了如此遗憾的结局”。这样，汤就登上了天子之位，代替夏王朝而开创了商王朝。

关于桀的失政，在《竹书纪年》中还可以看到其他的说法。

> 后桀伐岷山，岷山女于桀二人，曰琬、曰琰。桀受二女，无子，刻其名于苕华之玉，苕是琬，华是琰。而弃其元妃于洛，曰末喜氏。末喜氏以与伊尹交，遂以间夏。[11]

岷山位于四川省中北部，也称为汶山，传说是禹的诞生地。桀为什么要讨伐那里呢？其妾“琬”和“琰”后来成为用于王朝礼仪的玉圭名称。有关桀宠爱妾氏，导致王后叛离的故事在《韩非子·难四》《吕氏春秋·慎大览》等书中都有记载，也是在战国时代脍炙人口的故事。商纣王宠爱妲己，与西周的幽王因宠爱褒姒而导致灭国都是同类的故事。桀的王后末喜（亦作“妹喜”“末嬉”）氏被流放的洛是洛河流域，伊尹是伊河流域有势力的氏族。与末喜氏联手的伊尹，是辅佐商汤王而消灭夏王朝的功臣，作为殷墟卜辞的祭祀对象频繁出现，在春秋时代的“叔夷钟”上也记载有这个名字，所以应该是实际存在的人物。这个故事所说的伊河和洛河流域正是夏王朝灭亡的舞台。

《竹书纪年》又写道："桀倾宫，饰瑶台，作琼室，立玉门""夏桀末年，社坼裂，其年为汤所放""汤遂灭夏，桀逃南巢氏""自禹至桀十七世，有王与无王，用岁四百七十一年"。桀沉溺于女色，营造了极尽奢华的王宫，却使百姓痛苦不堪，因而触怒了天帝。就在社稷崩坏的那一年，夏王朝被商之汤攻亡了。

桀被殷商汤王所灭的经过，在《史记·殷本纪》中记载得很清楚。汤最初居住在殷的祖先帝喾所居的亳都。当时还是夏王朝诸侯的汤，首先讨伐了疏于祭祀的葛伯。那时，夏桀执行暴虐和混乱的政治，诸侯之长昆吾氏发动了叛乱。于是汤创建了征讨军，诸侯和伊尹都跟随讨伐。汤亲自举钺讨伐了叛军昆吾氏，并顺便去讨伐了桀。桀败走鸣条，夏军覆灭。于是汤便灭了桀，并抢走了他的宝玉。商汤胜利后，诸臣们提议将夏王的社稷迁移到殷，但汤不允许，就原样保留了下来。社稷是供奉土地神的地方。在《竹书纪年》中提到了夏桀末年社稷的崩坏，但夏人的社稷却被原样保留，也就意味着夏人的居住地和生活被商人原样接受和认可了。商汤杀了夏桀，灭了夏王朝，但夏人并没有被灭。据说后来周武王打败商王朝的时候，为了寻找夏商的子孙，建立了杞国和宋国继续祭祀。正如文章开头所介绍的那样，孔子哀叹杞、宋两国已没有夏商制度，其子孙们也仅仅是继续祭祀着祖先而已。

三、王系和王都

夏之王系

下边的谱系是根据《史记·夏本纪》复原的夏王谱系。夏王朝从禹到桀共有 17 个王，其间，由于外敌入侵，除太康被赶出京城和第一、第二代时仅有两次兄弟继承外，建立了从父亲到儿子的稳定的王位继承体系。但是，与兄弟继承较多的商王系相比，这实在是太不自然了。

1 禹→2 启┬→3 太康
　　　　　└→4 仲康→5 相→6 少康→7 予（杼、宁）→8 槐（芬）→
9 芒（荒）→10 泄┬→11 不降→14 孔甲→15 皋（昊）→16 发（敬）→
17 桀（履癸）
　　　　　　　　└→12 扃→13 廑（胤甲）

正如王国维指出的那样，《史记·殷本纪》中记录的谱系和从殷墟出土的甲骨文中复原的王谱系几乎一致。包括先王在内的王谱系能被正确地传承下来，也是因为商王朝及其子孙们定期举行祖先祭祀。但是，兄弟继承是从王朝开国之时的初代之汤（天乙）到第二十七代王的康丁，此后从康丁开始，直到第三十一代王帝辛的五代成为父子继承。殷商末年的五代之所以成为父子继承，如后述那样表示了王权的确立。而有问题的是先王时代的父子继承。

陈梦家（1911—1966）指出，因为兄弟是同辈只能算一世，所以从禹到桀（帝癸）的夏王朝是十四世。与夏同时代的商先王也从帝喾到示癸正好是十四世，其中七人如以下列举的那样名字都很相似。

夏—启—○— 相 —○—○—槐—芒—○—不降……履癸
‖　‖　　‖　　　　╳　　‖　　‖
喾—契—○—相土—○—○—冥—亥———王恒……示癸

“夏”和“喾”、“启”和“契”同音，“槐—芒”和“冥—亥”是顺序交替，还有“相”和“相土”、“不降”和“王恒”、“履癸”和“示癸”等，十四世中半数的七个人名字极为相似，很难认为这是偶然的巧合。而且，夏王朝与商王朝的先王时代重叠。陈梦家以此认为，夏商原本是同族，只是后来分为夏商两个支系。

京都大学的佐藤长认为，将夏王朝第三代到第六代的太康、仲康、少康，与后羿和寒浞相关的传说汇集一起，而从第十三代开始到第十七代的胤甲、孔甲皋、发（敬）、履癸又和殷商一样，都以十干作名字这一点有关联，所以可以推测本来就另有夏王的传说，这是将其拼成一个王系的结果。这一推测和陈梦家的说法一样都值得斟酌。

关于中国古代王位的继承方法，立命馆大学的吉本道雅认为有资格的继承者存在着一个减少的过程，可以设想有如下的进化阶段。

①根据权威人士的意见选出王，“王位”的出现。

②特定氏族独占王位，“王朝”的成立。

③王族内的特定家族独占王位，同辈兄弟依次继承王位。

④先王之子有优先继承权的父子继承。确立“王统”。

⑤王事先从自己的孩子中指定太子。

补充说明一下这里所说的“氏族”，比如说禹的子孙后代取封地为姓，分为夏后氏、有扈氏、褒氏、杞氏等十二个氏族。都是以禹为祖先的同族，其中与夏后氏“启”相关的家族独占了夏王朝的王位。

五帝时代是把有杰出能力的英雄任命为王的阶段①，夏王朝处于阶段④。夏启因为有作为王的资质所以没有问题，但如果是父子继承的话，若王在壮年时去世，年幼的孩子继承王位的可能性就会变大，所以必须要有一个可以维护王的地位的权力交接人来保证王的武力、政治能力。如果这些都没有的话，也没关系。一旦父子继承被规范化，围绕王位继承的争议就会变少，王权的更迭会更加安定。吉本先生指出，从那样的社会特殊化阶段产生的王权才是“国家”。确实，商王朝，最后在康丁到帝辛的父子继承中继续从阶段③进化到阶段④，其后的西周王朝时代，王位的嫡子继承被规范化。也就是说，到了商王朝的最后阶段，才终于确立父子继承的王权。

但是，照这个发展阶段来看，五帝时代是阶段①，夏王朝突然飞跃到了阶段④，而商王朝却回到了阶段③，非常不自然。当然，兄弟继承是商人的习俗，但父子继承是夏人先进的习俗，这一点不能否认。因为民族不同，社会习惯也不同，这是十分有可能的。但是，如果以父子继承为原则的话，就不能避免未成年之王和愚昧之王即位会导致王权不安定，所以必须确立相对安定的国家体系。所以，这里的问题是夏王朝是否已经确立了这样的体制。

王都在哪里

《史记・夏本纪》中，从舜驾崩之时，禹避开舜之子商均而避走阳城的故事来看，没有明确记载夏王朝的都城所在地。因此，以其他古典书籍中的片断记载为基础，继续进行探索。其中，最古老最详细的记录是《竹书纪年》，根据各个版本并按王的顺序列举如下：

> 禹都阳城。
>
> 太康居斟寻。
>
> 帝相即位，处商丘……相居斟灌。
>
> 帝宁居原，自原迁于老丘。
>
> 胤甲即位，居西河。

太康居斟寻，羿亦居之，桀又居之。

中央研究院历史语言研究所的丁山（1901—1952）在《竹书纪年》和《史记·封禅书》注（正义）中发现了《世本·居篇》中的以下内容：

夏禹都阳城，避商均也。又都平阳，或在安邑，或在晋阳。

根据这一记载，夏王都的所在地如表2所示。《世本》作为《史记》的出典之一也是战国时代的参考文献之一。如果将丁山的研究发现用图表示，那么如图10所示，大致可以分为四个地区：河南中部的颍河流域和洛阳地区、山西南部地区、河南东北部地区和其他地区。

表2　夏的王都（根据丁山1935年的研究发现）

序号	都邑	王	所在地
①	阳城（唐城）	禹	山西省翼城县西
②	晋阳（平阳）	禹	山西省临汾市西
③	安邑	禹	山西省平陆县东北的虞山
④	黄台之丘	启	河南省新郑市与新密市之间
⑤	斟鄩	太康、桀	河南省巩义市西南
⑥	斟灌	相	河南省清丰县
⑦	帝丘	相	河南省濮阳市
⑧	原	帝宁	河南省济源市西北
⑨	老丘	帝宁	河南省开封市东南
⑩	西河	帝宁	陕西省合阳县附近

首先来看河南中部的颍河流域。颍河发源于嵩山山麓的登封市，经禹州市流向东南的淮河支流。关于阳城，丁山将其与山西南部的翼

城县进行了比较，汉代以来的一般说法认为是颍河上游区域（图 10 ④附近）。也就是说，《史记·夏本纪》中后汉的刘熙注解为现在颍川的阳城就是这里，《汉书·地理志》的颍川郡阳翟县注解为“夏禹国”。另外，《史记·货殖列传》中还记载有“颍川、南阳，夏人之居也。（颍川、南阳是夏人居住的地方）”，《春秋左氏传·昭公四年》记载到“夏启有钧台之享（这是夏朝初年发生的一个重大历史事件。“钧台”是指为上帝群神修建的台坛。“钧台之享”是夏启剿灭有扈氏后，为废除传统的部落禅让制，巩固王权，确立王位世袭。在都城阳翟召集各地方国首领，举行了一场盛大的献祭神灵的活动，同时这也是一次重要的方国盟会。这次盟会确立了夏启“共主”地位，开始了中国历史上的“家天下”局面，杜预（222—284）的注释是“河南阳翟县南有钧台陂”。这个“钧台”和丁山认为的启之都黄台之丘是同一个地方。与《竹书纪年》一起出土的《穆天子传》中有这样一句话：“丙辰，天子南游于黄，□室之丘，以观夏后启之所居。乃□于启室（丙

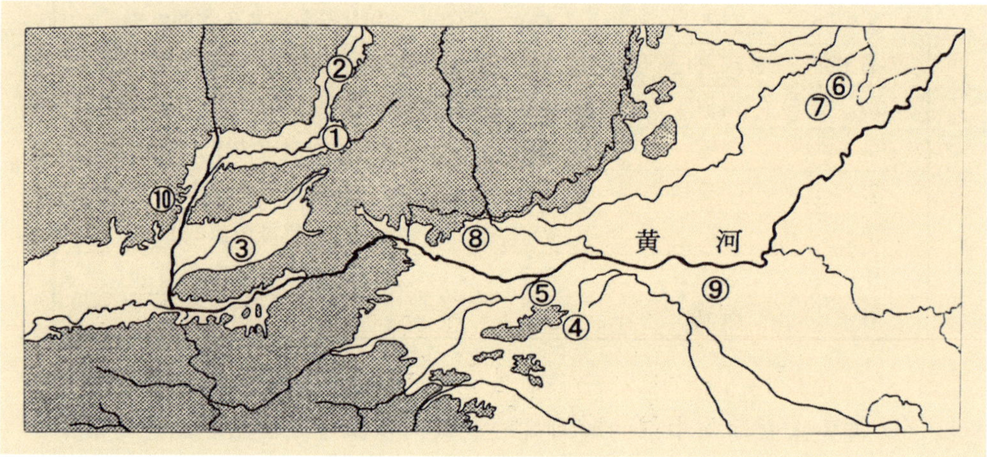

图 10 夏王都的分布

辰日，西周穆王向南巡游黄地，又登上了嵩山东峰，看夏启居住过的地方，在夏启的居所进行祭祀）。”郭璞（276—324）对此的注解是，“疑此言太室之丘嵩高山。启母在此山化为石，而夫启亦登仙，故其上有启室也”。这是汉武帝在嵩山看了夏启母亲化作的石头时说的话。汉朝时期，沿颍河上游区域有禹的“阳城”，启的“钧台”“黄台之丘”也被认为是在其附近，因而这里被视为夏王朝的发源地。

关于太康和桀所在的都城斟鄩，可以认为是和《春秋左氏传·襄公四年》中所记的斟鄩氏的居住地是一样的，但仅此很难考证。关于桀之都，在《史记·孙子吴起列传》中有这样一句话：“夏桀之居，左河济，右泰华，伊阙在其南，羊肠在其北（夏桀的领土，左临黄河、济水，右靠泰山、华山，伊阙山在它的南边，羊肠坂在它的北面）。”（与《战国策·魏策一》相同）济水源于黄河北面的王屋山，伊阙位于洛阳南面，羊肠是延伸于河南省和山西省交界处的山脉，因此桀的斟鄩估计是在洛阳一带。另外，在《国语·周语》中有“昔伊、洛竭而夏亡（以前因伊水和洛水的干涸，导致了夏王朝的灭亡）”的说法，《史记·周本纪》中记载有消灭了商的武王的居住地，“自洛汭延于伊汭，居易毋固，其有夏之居（从洛水河湾延伸到伊水河湾，居地平坦没有险固，那正是夏代定居的地方）”。与《逸周书·度邑》中的记载一样，《史记·封禅书》中也写道：“昔三代之君，皆在河洛之间（从前夏、商、周三代的君主都在黄河和洛河之间）。”虽然都没有特定的都城所在地，但至少可以看出在夏王朝的晚期，其都城应在洛河和伊河流域。

接着来看山西南部。丁山认为禹的都城，即阳城、晋阳、安邑全部在山西南部，证据之一是根据《春秋左氏传·定公四年》子鱼之言中的“夏虚”：“命以《唐诰》，而封于夏虚，启以夏政，疆以戎索（用《唐诰》来告诫他，而将他封在夏墟。唐叔用夏政去教导夏民，以戎人的制度来划定疆土）。”（古唐国可以追溯到上古时期，本是唐尧后裔的封地。到了夏帝孔甲时期，帝尧子孙中有个叫刘累的，善于饲养龙而有宠于夏帝孔甲。后来，刘累子孙又被封侯于大夏故墟。殷商之时，古唐国便成为殷商的附属国。后来武庚叛乱，古唐国亦随之揭竿响应。武庚灭亡，古唐国也跟着覆灭。古唐国，位于今山西省南部的翼城、曲沃和绛县之间。它地处夏朝故墟，西面、北面皆为戎狄部落，时局动荡不安，阶级矛盾和民族矛盾都十分尖锐。戎狄擅长骑术与箭术，没点儿真本事显然很难抵御他们的攻击，而叔虞身怀绝技，既然能一箭射死犀牛，当然也可制服彪悍的戎狄。所以，叔虞被册封在唐地，应是周公及周成王深思熟虑后的决策。）所以丁山误将“阳城”当作“唐城”。关于“阳城”，位于河南中部的颍河流域应是定论，在将其改写为“唐城”之前，很难与“夏墟”联系在一起。问题是《世本》记载的“晋阳”和“安邑”。丁山认为“晋阳”就是“平阳”，根据是《汉书·地理志》后汉应劭的注解“平阳是尧之都。位于平河之北”，并以此推断平阳是在山西临汾市以西。“安邑”是战国时代魏国建都的地方，在《史记·吴太伯世家》中有“乃封周章弟虞仲于周之北故夏虚（又把周章之弟虞仲封在周北边的夏都故址）”，在注解中写道：“夏之都在安邑。虞仲在大阳县的虞城建立都城。因为它位于安邑的南部，所以称之为夏墟。”大阳县是现在山西省的平陆县。战国时代魏国的“安邑”城址位于现在山西省夏县，当地称为“禹王城”，但出土的文物只有战国时代以后的东西。

总之，被认为是“夏墟”的地方有“晋阳”“平阳”“安邑”，在丁山所认为的三个地方中，根据近年的考古学调查在翼城县之西发现了新的线索。在翼城县和曲沃县交界的天马－曲村遗迹中，发现的从西周时代开始的晋侯墓地和晋国的遗址，极有可能是唐叔虞被封的

“夏墟”之地。但是，仅仅是“夏墟”是不能保证是禹之都的，特别是从西周到春秋时代晋国建都的地方，“平阳”是韩氏的古都，“安邑”是魏氏的古都，“晋阳”是赵氏的古都，所以战国时代三家分晋的韩、魏、赵氏为了表示自己分别是继承夏晋的正统王权，很有可能伪造了禹的“夏墟”说，这一疑虑尚难以消除。

接下来讨论河南省的东北部。相置都城的帝丘在《竹书纪年》中写作“商丘”。丁山在《汉书·地理志》“东郡濮阳县”之条中，根据“原帝丘是颛顼之都的遗迹”，认为“商丘”就在今河南省濮阳市。关于相的另一个都城“斟灌”，也有认为是山东省的说法，但是丁山认为“灌”就是“观”。根据《春秋左氏传·昭公元年》中的“夏有观扈”和《汉书·地理志》的后汉应劭所注夏的“观”是东郡观县，认为西汉的观县就是现在的河南省清丰县。此外，关于帝宁迁都的老丘，丁山根据《春秋左氏传·定公十五年》中的“老邱”认定其为现在的河南省开封市。在其东南 25 公里处有一个“雍丘”，《汉书·地理志》说“雍丘县原来是杞国。周武王封禹的子孙东楼公于此”，现在开封市东南部有个杞县。如上所述，《竹书纪年》记载了相在定都商丘的同时，积极推进东方战略，之后也有杼（予）、槐（后芬）、不降、发等对东夷的征讨和降服，王都的所在地暂且不论，在此处可以看出在与东夷的抗争中河南东部是重要的据点。

最后，让我们看看帝宁(予)的都城原和胤甲的都城西河。关于“原”，丁山根据《左传·僖公二十五年》和《左传·隐公元年》中出现的春秋时代“原”的所在地，认为其就是河南省的济源市，位于黄河北侧，是从“夏墟”的山西省西南部到达华北平原的交通要冲，但由于在这里看不到任何夏王朝留下来的传统，所以夏王朝的“原”和春秋的“原”是否指的是同一个地方令人生疑。关于西河，丁山认为是在现在的陕西省合阳县附近，但是因为那里也没有关于夏王朝的传说，所以这一推测也不能确定。

顺便讨论一下灭了夏王朝的商之汤王的都城。据《史记·殷本纪》记载，到汤为止，都城曾迁徙八次，汤最初居住于亳，那是殷商的祖先——帝喾时期的都城。关于亳都，唐朝《括地志》注（正义）记载：宋州谷熟县（现在的河南省商丘市）西南35里有南亳故城。那是南亳，汤之都。……河南偃师是西亳，帝喾和汤均建都于此。……亳邑故城位于洛州偃师县西14里，原是帝喾的遗迹，商（殷）汤之都。张守节在其上也加注道：亳是偃师城，商丘是宋州，汤即位后定都南亳，后来迁都于西亳。也有人认为现在的洛阳市偃师区之西就是西亳所在地。河南东部的“南亳”靠近夏王朝的都城斟灌、帝丘和老丘，“西亳”靠近桀之都斟鄩。正如在下一章所要讨论的那样，通过考古学的探索，我们确定了“西亳”的所在地，由此可以进一步分析夏王朝的王都。

夏和中国

东京大学的平势隆郎主张应该无视围绕夏王朝所在地的议论，因为他认为“夏王朝”的传说是建立在一个武力与智力相争的战国时代，并被政治利用。在思考“夏王朝”之前，必须首先理解记录了这一历史的古典文献的政治立场。根据平势氏的说法，为了表明战国时代的魏国是正统的王权，首先制作了年代记的历史书《竹书纪年》。那是在公元前300年左右的事情。书里经过夏王朝时代、商王朝时代、周王朝时代、晋侯（被周王封的诸侯）时代、魏侯时代，到了现在的魏王时代，以此构成了可以理解为“历史事实”的记载。给予《竹书纪年》冲击的是在山东有势力的齐国，齐国是周朝与晋国并驾齐驱的有力诸侯国，在公元前 342 年的马陵之战中，因《孙子兵法》而著名的孙膑，率领齐军大败魏军。于是“齐”动员学者，制作了年代记的《春秋》和对其解说的《春秋公羊传》，以此对抗宿敌魏的历史书《竹书纪年》。在《春秋公羊传》中，齐国把自己的领域称为“中国”，其中包括商王朝及其子孙宋国（齐王田氏继承了宋朝的血统也是理由之一），主张这是与“夏”对抗的正统王权。对此发起反攻的是在中原拥有领域的韩国，它把与《春秋公羊传》不同的解释加入《春秋》重新创作了《春秋左氏传》。韩国是和魏国、赵国一起将君主国晋国瓜分的国家，在这里当然展开了将“夏”定位为世界中心的理论建构。

如果按照平势的这种说法，《竹书纪年》《春秋左氏传》中有很多“夏王朝”记载的理由变得容易理解了。关于王都的所在地，商和周也有确切的传承，虽然不能轻易篡改，但传说中的夏王朝可以随心所欲地篡改，最重要的是夏是禹开拓了全境所建的第一王朝，所以最具权威——因此，魏、韩两国的学者们将禹和夏王朝的传承之地特定在本国的领域内，以证明自己才是夏王朝领土和王权的唯一正统继承者，并由此创造了这些历史。这与前一章的“禹迹”有异曲同工之妙。《诗经·大雅·文王有声》里称周文王的都城东迁之地为“禹迹”，这是因为春秋时代的“秦公簋”刻有秦的新封地为“禹迹”。但是，这并不意味着夏朝是战国时代的魏国和韩国捏造的。除了春秋中期的“秦公簋”“叔夷钟”，不同体系的古籍中也大多有禹和夏的传说。毫无疑问，后来被称为“夏王朝”的王权和政治曾存在于殷商之前的中原。但是，由于战国时代各种政治局势的需要，夏王朝的一些传说很可能是临时创建而被加以利用的。

无论如何，所有古籍都是在战国时代之后写成的，所以谈论 1000 年前的夏王朝有太多的限制。这正是以顾颉刚为代表的疑古派具有说服力的原因，而对夏朝的怀疑至今仍然深深植根于西方和日本学术界。于是人们把期望集中到了考古学上。可以确定时间和地域的考古记录是否可以提供一些有关夏王朝的线索呢？接下来让我们看看中国考古学是怎样重建被疑古派们所“毁坏”的夏王朝的。

※ ※ ※

注释

①舜帝把禹推荐给上天，让他作为帝位的继承人。十七年之后，舜帝逝世。服丧三年完毕，禹为了把帝位让给舜的儿子商均，而躲避到了阳城。但天下诸侯都不去朝拜商均而来朝拜禹。禹这才继承了天子之位，坐北朝南接受天下诸侯的朝拜，定国号为夏后，姓姒氏。

②万章问：“听人说，到了禹的时候道德就衰微了，天下不传给贤人，而传给儿子，这样的话靠谱吗？”孟子说：“不对，不是这样的。上天想把天下授与贤人，就会授与贤人；上天想把天下授与天子的儿子，就会授与天子的儿子。从前，舜推荐禹给上天，经过十七年，舜去世，服丧三年后，禹为让位给舜的儿子躲避到了阳城，天下的老百姓都跟随着他，就像尧去世后不跟从尧的儿子而跟从舜一样。禹向上天推荐益，经过七年，禹去世，服丧三年后，益又为让位给禹的儿子躲避到了箕山的北面，朝见天子的人和打官司的人都不到益那里去而到启那里去，他们说：‘这是我们天子的儿子。’歌颂的人都不歌颂益而歌颂启，他们说：‘这是我们天子的儿子。’尧的儿子丹朱不贤能，舜的儿子也不贤能。舜辅佐尧，禹辅佐舜，经历的岁月多，给予百姓恩惠的时间也久。启很贤明，能恭敬地继承禹的传统，益辅佐禹，经历的岁月少，给予百姓的恩惠也不多。舜、禹、益之间，相去久远，他们的儿子贤明或不贤明，都是天意，不是人的力量所能做到的。不是人力所能办到的却自然地办到了的，都是天意。不是人力所能招致的却自然地来到了的，就是命运。一个平民而能拥有天下，品德修养必然像舜和禹一样，而且还要有天子的推荐，所以孔子就没能拥有天下。世代相传而拥有天下的，上天所废弃的，必然是像夏桀、商纣一样的人，所以益、伊尹、周公也没能

拥有天下。伊尹辅佐商汤统一了天下，商汤去世，太丁也没能做天子，外丙继位两年，仲壬在位四年，太甲破坏了商汤的典章法律，伊尹就把他流放到桐邑。过了三年，太甲悔过认罪，自己埋怨自己，在桐邑学习仁爱和改变行为方式，又三年后，他听从伊尹对自己的训导，于是又回到亳都当天子。周公之所以没能拥有天下，就和益在夏代、伊尹在商朝一样。孔子说：‘唐（尧）虞（舜）让贤，夏商周三代子孙继位相传，其道理都是一样的。’”

③ 大禹举荐了益，却任用启的臣子当官吏。等到大禹年老时，又认为启不足以担当治理天下的重任，把君位传给了益。不久，启就和他的同党攻打益，夺走了君位。天下人都说大禹名义上是把天下传给了益，而实际上接着又让启自己夺了回去。

④ 大禹治洪水时，为了打通轘辕山，就变成了熊，对涂山氏说：“想吃饭时，听到鼓声就来吧。”大禹挑起了石头，误击中了鼓。涂山氏就前往了，看见禹正变作熊，羞愧而去。到了嵩山下变成了石头，才生下了启。禹说：“还我儿子。”石头北面破裂，生出了启。

⑤ 啊！六军的将士们，我告诫你们：有扈氏轻慢洪范这一大法，废弃正德、利用、厚生三大政事，因此，上天要断绝他的国运。现在我只有奉行上天对他的惩罚。车左边的兵士不善于射箭，你们就是不奉行我的命令；车右边的兵士不善于用戈矛刺杀，你们也是不奉行我的命令；驾车的兵士违反驭马的规则，你们也是不奉行我的命令。服从命令的，我会在先祖的神位面前赏赐你们；不服从命令的，我会在社神的神位面前惩罚你们，我会把你们降为奴隶，或者杀掉你们。

⑥ 从前夏朝刚刚衰落的时候，后羿从鉏地迁到穷石，依靠夏朝的百姓取代了夏朝政权。后羿仗着他的射箭技术，不致力于治理百姓而沉溺于打猎，抛弃了武罗、伯因、熊髡、龙圉等贤臣而任用寒浞。寒浞，是伯明氏的坏子弟，伯明后寒丢弃了他，后羿收养了他，信任并且任用他，并让其辅佐自己。寒浞在内对女人献媚，在外广施财物，愚弄百姓而使后羿耽于游猎野兽。扶植了奸诈邪恶之徒，取得了后羿的国和家，外部和内部都顺从归服他。后羿还是不肯改悔，准备从打猎的地方回来，他的手下把他杀了煮熟，让他的儿子吃，他的儿子不忍心吃，又被杀死在穷国的城门口。靡逃亡到有鬲氏的地方。寒浞和后羿的妻妾生了浇和豷，仗着他的奸诈邪恶，对百姓不施恩德，

派浇带兵，灭了斟灌和斟鄩氏。让浇住在过地，让豷住在戈地。靡从有鬲氏那里收容了两国的遗民，从而灭了寒浞而立了少康。少康在过地灭掉了浇，后杼在戈地灭掉了豷，有穷从此就灭亡了，这是由于失去贤人的缘故。

⑦ 从前有过国的国君浇杀了斟灌又攻打斟鄩，灭掉了夏王相。相的妻子缗正怀着孕，从城墙的小洞里逃出去，回到娘家有仍国，生了少康。少康后来在有仍做了管理畜牧的官，对浇满怀仇恨并时刻提防他。浇派椒寻找少康，少康逃奔到有虞国，做了那里掌管庖厨的长官，才逃避了浇的杀害。虞思把两个女儿嫁给了他，把纶邑给了他作封地。少康拥有了方圆十里的土地和五百人的兵力，他广施恩德，并开始实施复国计划。他召集夏朝的余部，安抚他们并给他们官做。派遣女艾到浇那里去做间谍，派季杼去引诱浇的弟弟豷，于是就灭了过国、戈国，复兴了禹的事业。

⑧ 上天降下两条神龙，一雌一雄，孔甲喂养不了它们，也没有找到能够饲养的人。陶唐氏已经衰败，但有个后代叫刘累，从会养龙的人那里学会了驯龙，就去侍奉孔甲。孔甲赐给他姓氏叫御龙氏，让他来接受豕韦氏后代的封地。后来那条雌龙死了，刘累偷偷拿来献给孔甲吃。夏后孔甲吃了以后，又派人去找刘累要，刘累害怕了，就迁居别处去了。

⑨ 从前当夏后氏衰败，有两条神龙降落在夏帝的庭院而开口说：“我们，是褒国的两个君主。”夏帝卜问究竟是杀掉它们或是赶走它们还是留下它们，其结果哪一个都不吉利。卜问是否可以把龙的涎沫收藏起来，才得到吉兆。于是陈设布帛，书于简策，向神龙祷告，龙走后留下涎沫，被盛在匣中收藏起来。夏灭亡，此器被传于商。商亡，此器又传于周。

⑩ 以前因伊水和洛水的干涸，导致了夏王朝的灭亡。

⑪ 夏桀攻打岷山，岷山氏效法有施氏，献出两位美女，一位叫琬，一位叫琰（琬、琰即美玉之意）。夏桀十分宠爱二女，虽然她们没有生育，夏桀仍然在苕玉刻上“琬”字，在华玉刻上“琰”字，以示珍爱。末喜则受到冷落，被安置在洛水一带。末喜心生怨恨，于是与伊尹秘密来往，泄露夏朝的机密。

第三章 考古学的探索

一、考古学的开端

真实存在的商王朝

清朝末期的北京，有一种叫作“龙骨”的药，据说对治疟疾很有效。而刻在龙骨上的文字则引起了京城学者们的注意并开始了对刻字龙骨的收集和研究。这是1899年的事情。后来得知这种被称为龙骨的药正是被风化的刻字龟甲和牛骨，一种比周代金文更古老的汉字——中国文字源流的甲骨文，从此开始了对这种甲骨文的释读。根据罗振玉（1866—1940）等人的研究，这些文字是商王室占卜的文字，因为上面刻有《史记·殷本纪》记载的商王的名字。据说这些甲骨出土地是河南省安阳市（原彰德府）的小屯村，也就是《史记·项羽本纪》中所说的“殷墟（殷商之都的遗迹）”。

王国维确认了殷墟甲骨文记载的殷商王室谱系与《史记·殷本纪》几乎一致。他的研究不仅建立了从商王朝的汤（大乙）到最后的纣（帝辛）的王系，还使得王妃的名字和汤以前的先王名字也得到证明，在古典文献记载之外，首次以考古出土资料如实地反映了这一段历史。

1928年，中央研究院历史语言研究所成立，随后，在董作宾（1895—1963）和李济（1896—1979）的主持下，中央研究院历史语言研究所考古组开始了对河南省安阳市殷墟遗址的发掘工作。在传说出土甲骨的小屯村，考古工作者发掘出了推测为王宫和宗庙的建筑物基址、塞满了刻有文字的甲骨坑、多个随葬有大量青铜器和玉器的大型墓葬和成排成列排列的像军阵似的祭祀坑和车马坑。同时还在位于洹河北岸的侯家庄（西北冈），发现了巨大的王陵墓葬群和殉葬数千人的祭祀坑。直到中日战争全面爆发而不得不中断的 1937 年为止，殷墟遗址前后共发掘了 15 次，商王朝都城的真实状况才开始随着考古发掘成果的公开发表为世人所知。

承担发掘和整理甲骨工作的董作宾在 1935 年发表了根据甲骨出土位置和在商王手下占卜的贞人的名字为基准的甲骨研究方案，这一成果将殷墟甲骨文细分为五期：盘庚、武丁时期，祖庚、祖甲时期，廪辛、康丁时期，武乙、文丁时期，帝乙、帝辛时期。因为盘庚不顾诸臣的反对坚决迁都，所以可以认为殷墟是从盘庚开始的商晚期的王都。那么，商早中期的王都在哪里？即使确认了商王朝的真实存在，那也只是证明使用甲骨进行占卜的晚期王都——殷墟，商王朝的前期王都依然是个谜。

仰韶文化与龙山文化

在殷墟发掘之前的 1921 年，作为中国北洋政府农商部矿政顾问的瑞典人安特生（1874—1960），在河南省渑池县仰韶村发现了新石器时代的遗址。这里发现的出土遗物以彩陶（有着彩色花纹的陶器）和红陶（红色陶器）为特征，并以遗址所在村庄的名字将这一特征的考古学文化命名为仰韶文化。其中，最引人注目的是这里的彩陶纹饰，与分布于东欧到西亚、中亚的彩陶具有相似性。两年后，安特生为了寻求仰韶文化的源流，对黄河上游甘肃和青海省的新石器时代遗址进行了调查，并确认彩陶在该地区分布得更为密集。这一发现使安特生认为彩陶是从中亚一带传播到黄河上游后，进一步扩展到黄河中游地区的。但是，从仰韶文化遗址出土的动物骨骼几乎都是猪，且发现的陶器中有中国特有的鬲形陶器，因此仰韶文化本身是汉民族的产物，只有彩陶等一部分文化因素是从西方引进的。

中华人民共和国成立之后，学术界否定了彩陶来自西亚的传播论，认为仰韶文化是在黄河中游地区自主产生，并由此地逆向扩展到黄河上游地区的。但是，此后关于彩陶的讨论，却被中国学者的研究引向了另一个方向。

仰韶文化发现之后，李济于 1926 年在山西省夏县西阴村也发掘了出土彩陶的遗址。曾经参与安特生仰韶村发掘调查的袁复礼也前来援助西阴村的发掘，从此开始了由中国学者主持的考古科学发掘。山西夏县是尧、舜、禹和夏王朝传说很多的地方，在西阴村的西南就有安邑“禹王城”的传说。因此李济选择在此地发掘的用意可能也在于这里是夏王朝的传说之地，因为其发掘成果后来还产生了把彩陶看作夏王朝文化的说法。

1930—1931 年，中央研究院历史语言研究所的李济和梁思永（1904—1954）在山东省章丘市（原历城县）龙山镇发掘了出土黑陶的城子崖遗址。这就是以黑陶为特征的龙山文化。1931 年，中央研究院历史语言研究所考古组发掘了河南省安阳市后冈遗址，确认了三种文化层上下重叠的地层关系。其上层是以灰陶为特征的殷墟文化，中层是以黑陶为特征的龙山文化，下层则是以彩陶为特征的仰韶文化。由此确立了仰韶文化—龙山文化—殷墟文化的分期编年体系。与此同时，20 世纪 30 年代，在山东省日照市两城镇和浙江省杭州市余杭区（原杭县）良渚镇等地也发掘了以黑陶为特征的遗址。由此可知黑陶文化从黄河下游到长江下游的中国东部地区逐渐扩大，并显示根据时期和地域存在着差异。龙山文化的地域性差异，在今天多被冠以地域名，诸如山东龙山文化、河南（中原）龙山文化、山西龙山文化、陕西龙山文化，以此进行更为详细的区分，而在良渚镇发现的黑陶文化，被认为是与龙山文化属于不同系统的文化，单独称其为良渚文化。

后冈遗址的三叠层发现之后，学术界逐渐认识到在黄河中游以西的地区多发现出土彩陶的遗址，而在以东地区则是出土黑陶的遗址比较多，进而支持了彩陶文化圈和黑陶文化圈西东并立的观点。而傅斯年（1896—1950）的《夷夏东西说》则给这一学说留下了历史学的印证。作为中央研究院历史语言研究所所长并主持过殷墟发掘的傅斯年认为，在江南开发迟缓的中国古代社会，与南北对立相比，东西对立更成为历史发展的原动力。根据对古代文献的考证，从古代史的最初阶段就已经有了描绘夷（商）和夏分立中国的东西对立模式。跟随傅斯年进行历史学研究的徐中舒（1898—1991）则认为，彩陶分布范围接近文献记载中夏代的活动地域，因此认为仰韶文化可能是夏王朝的产物。而且，殷商文化的势力范围和东方的龙山文化分布地一致，所以从夏王朝到商王朝的更替，符合仰韶文化—龙山文化—殷墟文化这一编年的系列体系。

北京大学的苏秉琦为中国的考古学事业做出了极大的贡献，他对仰韶文化的彩陶进行了详细的分析，并于1965年发表论文指出，陕西东部华山山麓一带的彩陶花纹是强势的“华（夏）”民族的象征。从“夷夏东西说”的提出到今天为止，苏秉琦把古典文献记载的特定族群和政体与考古资料进行了比较研究，详细而具体地阐述了将中华民族的形成作为中国考古学研究的最终目标这一方针。在北京大学接受过苏秉琦指导的研究者们，如今遍布在中国各地的研究机构，他们根据各自所在地区的考古资料进行详细严谨的资料分析，逐步完成了不同地区的陶器分期与编年史。这些研究成果在不久之后成为探索夏王朝实证性的重要基础和原动力。

在根据考古资料探索夏文化时，年代学分期的确定是绝不能忽视的。比如仰韶文化等同于夏文化的学说就是只讨论考古学文化的空间重叠，而没有追究仰韶文化的实际年代是否和夏王朝的时代一致而导致的缺陷。安特生从与中亚彩陶文化的比较中假定仰韶文化的年代是公元前 3000 年左右，如果否定这种传播论的话，对其绝对年代的讨论就必须回到原点。但是，虽然根据地层学的方法可以决定考古学文化的相对年代，但是决定其绝对年代则不是一件容易的事情。现在一般认为仰韶文化的绝对年代在公元前 5000—前 2500 年，但是这一年代能被确定下来也是在碳十四测年法用于考古学研究的 20 世纪 70 年代之后的事情。因此，从考古学上对夏王朝的探索，不得不暂时受挫。

二、文化编年史的确立

郑州城遗址的发现

河南省省会郑州市位于中国东西、南北交通的要冲，中华人民共和国成立后，城市化发展迅速。位于郑州市南郊的二里冈遗址，以发现了陶器、石器、卜骨等为契机，于 1952 年，由文化部、科学院考古研究所和北京大学考古学实习班共同合作对其进行了发掘。从次年开始，以河南省和郑州市为中心组成的考古调查队继续对郑州市一带进行发掘直至今日。

对郑州市一带的考古发掘显示，这里的商文化大致可分为与安阳殷墟文化并行的人民公园期和早于殷墟文化的二里冈文化期，而二里冈文化又可以被细分为上层期和下层期。二里冈遗址在两年间的考古发掘中出土了近 80 件卜骨片，但龟甲极少，用于占卜的骨片加工比较简单，显示是比殷墟文化更古老的加工手法。没有出土刻有文字的卜骨。而二里冈文化就是以二里冈遗址出土陶器为标识而命名的。

接着又对位于郑州市西面的洛达庙遗址进行了发掘，这是一处早于二里冈文化，而晚于龙山文化的具有新的陶器特征的考古学文化，被命名为洛达庙类型。并确认了这一类似的陶器从洛阳市一直扩展到三门峡市。对于其究竟属于商文化还是夏文化，虽然学术界也曾讨论过，但因为没有明确的绝对年代，所以没有得出结论。

1955 年，在郑州市白家庄，在二里冈文化层的下面发现了夯土版筑的墙壁。为了确认这种夯土建筑究竟是建筑基址还是城墙，对这一带进行了全面的钻探调查，发现这种夯土版筑层呈带状笔直延伸，一部分与战国时代的城郭重叠。显然这是城墙的版筑式建筑，而最终确定这一发现是一处东西 1700 米 × 南北 1870 米的巨大城郭遗址。由于其规模巨大，也有学者曾经怀疑其是否为战国时代的城郭，但是发掘结果显示，城墙下有洛达庙类型的地层，城墙上有二里冈上层时期的灰坑破坏了城墙，所以城墙的筑城年代被明确定位于二里冈下层期。

城内东北部有宫殿区，发现了埋葬有人和动物的祭祀坑。城外呈规律性分布有青铜器、骨器、陶器的手工业作坊遗址，墓地和青铜器埋藏坑等，特别是从南北两处的青铜器作坊遗址出土了青铜礼器和武器的铸造范，由此可见青铜器的生产是由上层王权阶层控制的。

以上考古发现非常明确地显示，这处二里冈文化时期的郑州城遗址是早于殷墟遗址的商王都。那么它是哪个商王的都城呢？发掘者根据《尚书 · 书序》和《竹书纪年》中记载的“仲丁在即位的元年，由亳迁至嚣”，而这个“嚣”就是“隞”，进而认为这里就是由亳迁都的隞都。仲丁是第十代商王。按照这个说法，二里冈文化的郑州城遗址被认为是商中期的城址，而早于它的洛达庙类型就是商前期。

近年来的考古调查显示，郑州城遗址的南边和西边同时发现了外城郭。被确认的外城墙只有5公里长，内城郭和外城郭之间的距离约1000米，二里冈文化时期的遗址和各种手工业作坊以及墓地几乎都位于外城郭的内侧。另外，在内城郭东北的宫殿区，发掘出了多层重叠的大型版筑夯土基址。

详细情况将在后面叙述，现在学术界已经认为郑州城遗址是商王汤建立的“亳都”，取代了此前将二里冈文化作为商中期认为是仲丁的“嚣”（隞）都的说法，二里冈文化使商代前期的学说成为主流且具有说服力。话虽如此，根据20世纪50年代郑州城遗址的发现和研究，即使没有像甲骨文那样明确的文字记录，殷墟以前商王朝都城的真实情况也在逐渐变得清楚。

二里头遗址的发现

中国科学院考古研究所的徐旭生（1888—1976），以研究神话和传说而为人熟知，并出版了很多相关著作。他亲眼见证了殷墟文化从殷墟向郑州追溯其历史的研究历程，也感受到了对更早的夏王朝考古学探讨的必要性。夏代王都到底在哪里？徐旭生首先从古典文献入手进行研究，他认为有关夏代都城所在地的传说之中，两个地区比较有力。其中一个是河南中部嵩山的周边地区，特别是沿着颍河上游区域的登封市和禹州市一带的可能性最大。另一个是山西南部的汾河下游地区，这里有许多关于尧、舜的传说。

1959年夏，徐旭生计划从河南省到山西省去考察相关古代遗址。不巧的是，当时正值麦收的繁忙季节，因此他仅对河南省登封县、禹县、偃师县进行了一个月左右的重点考察。在考察的最后一天，徐旭生走访了位于偃师县的二里头遗址。二里头遗址曾被清代学者定为商汤王所建的“西亳”，遗址约有二平方千米，周围散布着许多与郑州洛达庙类型相似的陶器片。因为当时洛达庙类型的陶器被认为是商代的，徐据此也认为这个遗迹很有可能是商前期的“西亳”。并由此确定了二里头遗址是商前期汤王的“亳”都、郑州城遗址是商中期仲丁的“嚣”（隞）都、殷墟遗址是商后期盘庚的“商”都的商王朝分期编年史。

考古研究所在收到徐旭生的报告后，那年秋天就立刻开始了对二里头遗址的正式发掘。遗址的文化层堆积极厚，根据出土陶器大致可分为三层。早期继承了河南龙山文化的陶器很多，中期和后期是相当于洛达庙类型的陶器占主体。紧接着，又发掘了长达100米的巨大夯土版筑基址的宫殿遗址和殷商时代作为礼器所使用的青铜器、玉器等，正如徐推测的那样，王朝的中枢确实存在于这里。根据这些考古发掘成果，将二里头遗址早、中、晚三期综合命名为二里头文化的条件已经成熟，并确立了这一地区龙山文化、二里头文化、二里冈文化连续发展的考古学文化序列。到了20世纪70年代，以陶器为基础的二里头文化确立了四期编年，之后同遗址的二里冈文化地层也得到了确认。另外，以放射性碳素断代开始的年代测定结果显示，二里头文化的一期是公元前2080—前1690年，宫殿建造的三期是公元前1590—前1300年，这样二里头遗址根据考古学建立的年代框架基本上完成了。但是，根据古典文献的考证，将二里头遗址确定为商前期的“西亳”的说法，以二里头遗址发掘者为主的学者群，仍然坚信不疑。至少宫殿建造的二里头三期的放射性碳素断代测定的年代近似于商前期的历法年代，证实了“西亳”之说。由此，徐旭生当初作为目标的夏王朝探索，再次回到了原点。

王城岗遗址和禹都“阳城”说

从二里头遗址所在的洛阳市偃师区往南越过嵩山，就到了登封市。这一带从汉代开始就有禹都“阳城”所在地的传说，为此徐旭生也曾在探索夏王朝都城所在地时对这里做了重点调查。从1975年到1981年，中国历史博物馆和河南省文物研究所共同对位于今登封市的龙山文化城郭遗址——王城岗遗址进行了发掘。这是一处由东西两个城址构成的城郭遗址，东城由于近现代的破坏，整体规模不明。西城是边长90米的小正方形城址。城内发现了夯土版筑的建筑基址和埋有人骨的祭祀坑，还发现了铜器的碎片，由此可见城内曾经住着权势人物。城郭是在龙山文化中期建造的，到龙山文化晚期遭到破坏，但一直存续到二里头文化和二里冈文化。

在王城岗遗址以东约1公里处有一处春秋战国时代的城郭遗址，那里出土了刻有“阳城”字样的战国时代的陶器和瓦。这表明战国时代这一带应该有名为“阳城”的地点存在。那时，还完全不知道这座城址在时代上属于龙山文化，于是提出了龙山文化王城岗城址是禹都“阳城”的说法，由此引起了人们的关注。

此后，在进行王城岗遗址发掘的1977年，在当地召开了关于夏文化的研讨会。这次会议，以夏王朝实际存在于中原为前提，围绕着考古学文化中哪里是夏王朝的中心展开了讨论。根据中国社会科学院考古研究所夏鼐（1910—1985）的总结，提出了表3所示的各种各样说法中的A—D四种学说。其中A说和B说认为夏王朝可以追溯到龙山文化晚期，这是将王城岗遗址比定为禹都“阳城”而得出的。C说和D说则认为夏文化应该从二里头一期开始，认为二里头文化的开始是一个具有时代性的年代划分。另外，关于夏王朝的终结，B说和C说认为是在二里头文化的二期和三期之间，而A说和D说则认为应该在二里头文化和二里冈文化之间进行界定。二者的分歧在于前者关注二里头三期大型宫殿、铜器、玉器等的出现，后者则将中心遗址及其文化兴亡视为突破。无论哪种说法都认为考古学文化变化或是兴衰表现是研究夏王朝到商王朝交替的前提。

表3　有关夏王朝时代的各种学说

学说	龙山文化			二里头文化				二里冈文化	
	前期	中期	后期	1期	2期	3期	4期	下层	上层
A说			←	—	—	—	→		
B说			←	—	→				
C说				←	→				
D说				←	—	—	→		
E说			←	—	—	→			
F说				←	—	→			

但是这次会议关于夏王朝的时代最后并没有得到一致的意见。这是因为考古资料还不足，也显示陶器编年史的文化论与生俱来的局限性。首先，如果根据古典文献记载，承认夏王朝的成立是从禹即位开始，而禹是从舜那里禅让得到王位的，那么夏王朝政治体制本身应该没有很大的变化，更何况从禹到启，是以世袭制而得到王权的，所以夏王朝的一般人群日常使用的陶器和生活应该没有显著的变化。同样地，即使此后商王朝推翻了夏王朝，也不意味着夏人的完全灭亡，一般民众的生活应该变化不大。事实上，二里头文化的陶器是从先行的

龙山文化连续变化而来的，与二里冈文化的陶器也有着继承性的联系。而且在王城岗遗址和二里头遗址中，陶器显示人们从龙山文化发展到二里头文化，再到二里冈文化之间是连续无间断居住的。即使王朝发生了变动，一般百姓的生活本身也不会中断，人们日常生活中使用的陶器也只表现为渐进的、逐步的变化。陶器与其他遗物相比，其形状和花纹变化很大，所以作为时间编年的“标尺”非常有效。但是因为陶器是逐渐变化的，要想把陶器截然区分开来并不容易，因此通过陶器来反映王朝的更替只能是考古学家的幻想而已。

当然，也很难让人赞同发掘者认为的王城岗遗址就是禹都“阳城”的说法。这一带“阳城”的地名，肯定在战国时代，或者汉代都有过把它作为禹封地的传说，但是并不知道关于禹的传说是否确实，正如以上所述，即使禹确实存在，要从考古学中确定禹的时代也是相当困难的。但是，这个会议成为从考古学上正式讨论夏王朝的出发点，此次之后，夏王朝的探索作为考古学研究的一个极其重要的课题受到广泛关注，这本身就具有很大的意义。特别是在 1977 年，可以自由研究讨论时代的到来给人们留下了深刻的印象。

偃师城遗址的发现

——从夏王朝到商王朝的更替

在王城岗遗址会议上至少有一点学者们的意见是一致的，即二里头文化的一期和二期属于夏王朝的时代，二里冈文化属于商王朝的时代。讨论的焦点集中在二里头文化的三、四期是夏王朝还是商王朝这一点上。因此，首先需要确定以武力打败夏王朝的汤王之都“亳”的所在，并通过弄清由此形成的考古学文化的谱系来探索王朝交替的时期。北京大学的邹衡（1927—2005）根据近年的考古学研究建立了二里头文化、二里冈文化、殷墟文化的编年，并列举了古典文献考证和郑州城遗址出土的刻有“亳”文字的战国时代陶器，认为二里冈文化的郑州城遗址才是汤王之都“亳都”。以此认为，二里头文化的一期到四期都是夏文化，其文化以洛阳的伊河、洛河流域为中心分布，而同时期的河南北部到河北南部的漳河流域则分布着早于二里冈文化，或者称之为二里冈文化源流的陶器，并将这些早于二里冈文化的陶器所代表的考古学文化称为先商文化。邹衡通过综观广大地区的文化动态，认为夏文化和商文化是中原西南和东北同时并存的系统不同的文化——这是从考古新资料出发对傅斯年的夷夏东西说进行了重新定义——以此寻找出解决问题的线索。

但是，对于把二里头遗址看作“西亳”，把二里头文化的三、四期视为商文化的学者来说，这个说法是难以接受的。1980 年，邹衡学说的体系性论文集一经刊出，理所当然地爆发了对这种说法的批判。然而，1983 年在二里头遗址东约 6 公里处，有一个新的发现证实了邹衡的观点，这就是拥有二里冈文化巨大城郭的偃师城遗址（图 11）。

在洛河北岸进行考古调查的中国社会科学院考古研究所，偶然钻探到了埋在地下的城墙，并以此为契机进行了部分试掘。结果发现了城墙南北长 1700 米，东西长 1200 米，东南部避开洼地，内侧凹进去的城址。但是偃师城城址周围约有 5500 米长，其规模可以与二里冈文化郑州城遗址相匹敌。城内南部还发现了用 180 米长的墙壁环绕的宫殿区，二里冈文化层堆积很厚。遗址的南面有一个名为“亳地”的地方和横穿遗址东西的沟渠，当地人称为“尸乡沟”。这使人想起《汉书·地理志》“河南偃师县”条的记载：“偃师，尸乡，殷汤所都。”后汉郑玄注释道：“亳在现在的河南偃师县，有汤亭。”（《尚书·胤征》

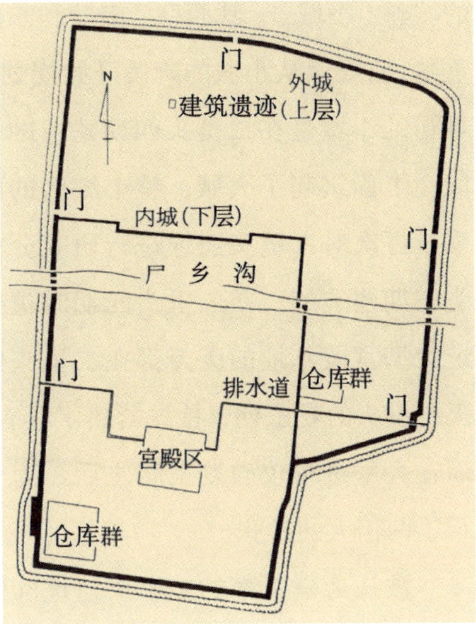

图 11　偃师城遗址的城郭平面图

正义）由此提出了如下的推论：汤王之都“西亳”并不是二里头遗址，而是同位于洛阳市偃师区的这座偃师城遗址才符合古典文献的记载。郑州城遗址和偃师城遗址有汤王之都“亳”的传承，都有二里冈文化中符合商王都规模的城郭。《史记·殷本纪》的注（正义）中写道：“亳”为偃师城。若是汤即位以南亳为都，后来迁至西亳。在东方有势力的商汤王进军西方设置的是“西亳”，其西征的目的不就在于讨伐夏王朝吗？如果是这样的话，位于洛河北岸，正好在眼皮底下的二里头遗址就只能是夏王朝的王都，这座偃师城之所以营建，不正是为了控制在二里头遗址的夏人吗？如果是这样的话，二里头文化的三期、四期就是夏王朝的文化，从二里冈文化开始才是商王朝的时代。就这样，偃师城“西亳”说和由此而来的二里头文化即夏文化的学说逐渐变得更为有力。并且，在 1997 年，对作为“夏商周断代工程”的偃师城遗址进行调查发掘时，发现了位于下层，南北 1100 米、东西 740 米的城郭（小城）。其西壁、南壁和东壁的南半部与上层的偃师城（大城）重叠，宫殿区从小城的阶段开始规划在同一个地方。从出土的陶器来看，最初的小城是在二里头四期建造的，二里冈文化初期，利用小城的城墙在上面筑起了大城，整个城郭的面积扩大了两倍多。根据这一新发现，再次对二里头遗址进行研究分析，注意到 1 号宫殿遗址是在二里头三期建造的，在二里头四期时遭到破坏。偃师城的建造和二里头遗址大型宫殿基址的废弃都在二里头四期中，因此可能是商汤王为了消灭二里头的夏王朝，首先营建了具有军事据点性质的偃师城（小城），而在大举进军攻破夏王朝之后，为了长期统治夏朝遗民，对偃师城进行了两倍大的扩张。

被认为是王都的二里头遗址和偃师城遗址相距仅 6 公里，通过后者筑城的同时前者的宫殿基址遭到破坏这一现象，并与古典文献记载的考证相结合，可以看到夏王朝被此后的商王朝取代的事实。夏王朝是确实存在的，但是，二者更替的时期并不是邹衡先生最初认为的二里头文化和二里冈文化之间，而是要再往前追溯到二里头文化的四期。而且，在二里头遗址中，陶器是从二里头文化一直延续到二里冈文化而不间断的。这也再一次证明了以陶器编年来解读王朝交替的困难性。以连续变化的陶器形态和花纹特征而设定的二里头文化和二里冈文化的差别，来反映从夏王朝到商王朝交替的想法，只不过是考古学家的幻想。如上所述，陶器是日常生活中使用的东西，并不能直接反映王朝交替等政治动向，这是因为即使二里头遗址的夏王朝被消灭了，一般民众也还继续在同一个地方生活。今后，关于从夏王朝到商王朝的交替是在二里头文化四期的哪个时间点发生的，通过陶器的详细分析在不断推进，但是无论是以前认为的那样是二里头文化的第四期也好，还是包含在二里冈文化里也好，其始终只能是考古学研究为了自身方便的一种权宜之计，这一点则是不变的。

三、考古学的射程

陶寺遗址中城郭遗址的发现
——关于尧、舜的探索

夏王朝的实际存在最后被确定了，而关于夏王朝是何时开始的，基本限定在龙山文化后期和二里头文化一期的两种说法上，但二者并没有很大的区别。因此，中国考古学家的研究目标从关注对夏王朝的源头追溯，开始转变为研究尧、舜的时代。

在山西南部的汾河下游，有很多关于尧、舜、禹的传说。特别是夏县一带是关于夏王朝的传说地，而且传说中的安邑“禹王城”就在夏县。1926 年李济发掘了夏县西阴村遗址，夏王朝考古学的先驱者徐旭生也很关注这个地区。1974—1979 年，中国社会科学院考古研究所、中国历史博物馆、山西省考古研究所以探索夏都为目的，发掘了夏县东下冯遗址。这个遗址的文化层堆积从龙山文化延续到二里头、二里冈文化时期，其中因二里头文化层出土的陶器和二里头遗址出土的陶器略有不同，因此被命名为东下冯类型。在被细分为四个阶段的第三阶段，发掘了围绕村落的边长为 127—155 米的长方形二重环壕，同时出土了青铜质武器、工具和石制模具，显示这是一处在二里头文化时期具有重要据点性质的聚落遗址。到了二里冈文化时期，这一遗址又营建了边长为 370 米的城郭，而且继承了二里头文化时期作为重要据点性质聚落的地位，并一直持续到殷商时代。

但是，东下冯遗址的大小与同时期的二里头文化二里头遗址和二里冈文化的偃师城遗址、郑州城遗址相比，面积仅有十分之一左右。如果说偃师城遗址和郑州城遗址是王都的话，那么东下冯的环壕和城郭只不过是一个地方性据点遗址。而且，二里头文化的东下冯类型在时代上属于夏王朝时代，比其更早的尧、舜之都是不是应该在别的地方呢？于是考古学家们又开始了对早于东下冯类型大遗址的探索历程。

在距离夏县约八十公里以北的襄汾县有陶寺遗址。经过地表探查于1978年至1984年由中国社会科学院考古研究所对其进行了发掘，发掘出了山西龙山文化的大型村落和墓地。该墓地是面积达三公顷的公墓，共发掘了一百多座。没有随葬品的小型墓葬占全部墓葬的90%左右，大型墓的数量只有1%左右，被葬者只限于男性，拥有工具、武器、生活用具、乐器等丰富的随葬品。大型墓的被葬者是极少数富裕的王族和贵族，和埋葬平民的大多数小型墓的差别很大。陪葬在墓中的铜铃是由内模具和外模具合范铸造而成的，铜含量达98%，表明这里当时已经具备了高超的青铜铸造技术。另外，还出土了起源于长江下游良渚文化的玉琮和玉璧，显示这里与遥远的长江流域有着活跃的交流活动。

从1999年开始，陶寺考古队对整个遗址进行了再次调查，结果发现了围绕村落和墓地的巨大版筑城郭（图12）。虽然西侧的城墙已经不复存在，但是通过钻探和试掘确认了东半部分城墙和横跨两个时期城郭的建筑。据《中国文物报》2003年1月31日的报道，首先早期修建了东西560米 × 南北1000米的小城，中期利用小城的北墙扩展到东西1800米 × 南北1500米的大城。沿着大城的南墙附加了细长的小城，之前发掘的墓地就位于其内部。与这个城郭一起引起发掘者注意的，还有早期壕沟里散乱的30多个人头骨和40—50个人骨个体。其中大部分是青壮年的男性，有可能是被屠杀的战争俘虏。城郭的建筑和大量的尸骨，暗示着龙山文化是一个战乱的时代。

我在得知发现城郭之后，于2003年3月再次访问了陶寺遗址。在俯视临汾盆地丘陵的西斜面上，一条深深切入黄土的壕沟破坏了遗址（图13）。我观察了暴露在悬崖上的夯土版筑式建筑城墙，发现没有下一章所要描述的商代城壁（111页图19）那

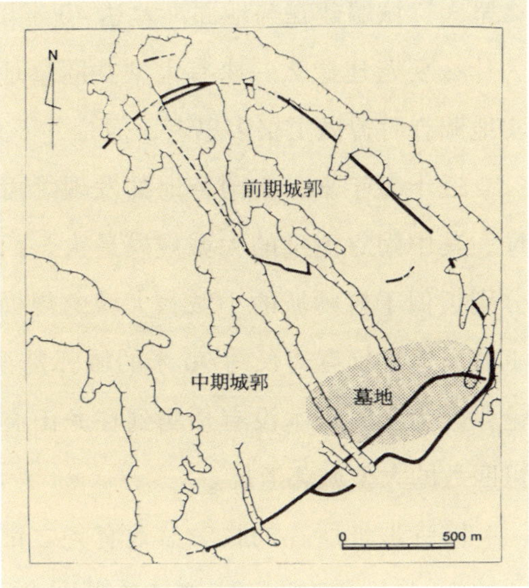

图12 陶寺遗址的城郭

图13 陶寺遗址（从北城向东看，远处是塔儿山）

么坚固，城墙建在与地面高差达 40 米以上、用水很不便利的丘陵上，为什么要营建这么一座有大型共同墓地的巨大城郭呢？虽然当时在做实地调查时曾做了很多思考，但是并不是那么简单就能得出结论的。

近十多年来，中国各地都发现了可以追溯到新石器时代的城郭遗址，其中陶寺遗址的大城规模最大。而且，早期的小城和中期的大城分别近似于偃师城的小城和大城的规模。不管怎样专家们围绕河南省王城岗遗址仅有边长约 90 米的城郭是否为禹之都“阳城”而展开了讨论，因为当时根本没有预测到在龙山文化时期可以发现与商王都规模可匹敌的大型城郭遗址。

陶寺遗址所在的临汾盆地有尧之都“平阳”的传说，在距离遗址北约 20 公里的临汾市有尧庙（见图 1）。尧庙最迟在 3 世纪的晋代就建在了这里，历经多次兴衰至今。拥有巨大城郭的陶寺遗迹不正是尧之都“平阳”吗？中国的考古学家们对此深信不疑。

正如第一章所述，尧和舜是否真实存在我们并不清楚，即使是真实存在，也几乎没有了解其实际年代的线索。但是，即使这是虚构的传说，在早于夏王朝的公元前 3 千纪的龙山文化中，可以与尧、舜相比较的王权确实存在于陶寺遗迹中。其王权是如何形成的，又是如何发展到夏王朝时期的——考古学就此开始了新的探索。

年代学的进步

即使认为夏王朝是真实存在的，那它到底是从什么时候开始的呢？二里头遗址作为夏都所在地之一，其文化被承认是夏王朝时代，那么夏王朝的绝对年代又是如何界定的呢？于 1996 年开始的由政府主导从历史学、考古学、古文字学、天文学等方面探究的“夏商周断代工程”

就是要解决夏王朝的实际年代。

中国最古老的年代确实可以从古典文献中追溯到，那就是《史记·十二诸侯年表》中最早记载的西周晚期的共和元年，即公元前841年。在此之前，除了古典文献，还有根据甲骨文、金文等进行的年代研究，但各种说法都很杂乱，没有定论。这里，我们从年代学的新方法来看吧。

首先，关于从商到西周的王朝更替之年，甲骨学者董作宾认为是公元前1111年，陈梦家认为是公元前1027年，日本的天文学家新城新藏（1873—1938）认为是公元前1066年，平势隆郎则认为是公元前1023年，研究西周金文的美国学者肖纳西认为是公元前1045年，“夏商周断代工程”的正式结论是公元前1046年。这些不同学说前后有100年左右的差距。总体来看大概是在公元前11世纪吧。

其次，关于商王朝的存续期间，《竹书纪年》是496年，《鬻子》是576年，《汉书·律历志》列举了629年这一具体数字，而《春秋左氏传·宣公三年》则认为是大约600多年。也就是说少则500年，最长估计是600多年。商王朝存续期间的最后年代还没有确定，而且如果关于存续期间有如此多的意见和差距的话，决定商王朝的开始年代就更加困难，这里暂且把它定为公元前17—前16世纪吧。

最后来看夏王朝的存续年代，《竹书纪年》从禹到桀是17王共471年，《汉书·律历志》是17王共432年。这一差距仅40年，比商王朝存续期间的不同学说之差还要小，但是这个数字是否值得信任令人怀疑。话虽如此，这里暂且假设夏王朝的开始是在公元前21—前20世纪。

与这种传统的年代学相对的是二战后急速发展起来的物理学年代断代的方法。其中给考古学带来革命性推进的是放射性碳素断代。碳存在着天然原子量十四的放射性同位素，当动物和植物死亡时，它们

会发出被称为 β 射线的射线并有规律地衰减。利用这个性质，通过测定动植物遗体中含有的碳 β 射线量来划分年代的方法就是碳十四测年法。发明于 1946 年的这一技术，很快就被广泛应用于考古资料的年代测定。这种碳素测年法不仅颠覆了巨石文化从东方向欧洲传播的传播论，而且将日本的绳文文化陶器的出现也追溯到 1 万多年前。

在中国，从 20 世纪 70 年代开始进行的放射性碳素断代的测定，给新石器时代的文化编年带来了革命性的变化。在此之前，由于中国考古学一直以中原为重点进行发掘和研究，各地发现的陶器文化编年都以中原陶器研究标准进行比对，以此来推断其他非中原地区陶器文化的年代。在这一中原中心论的主导下，学术界多认为中原以外地方的陶器文化大部分是中原陶器文化之后的产物，因为中原地区位于中国的中心，并一直影响着中国的其他周边地区。这和以前欧洲考古学认为巨石文化来自东方的传播论如出一辙。然而，放射性碳素断代，直接给予遗址的年代后，发现各地方的文化和中原并不都有直接的关系，大多是各自自主发展起来的，于是学术界的中原一元论学说像雪崩一样很快转变成了多元论。

然而，过去的放射性碳素断代有几个问题。第一，因为测定值与实际的历法年代稍有偏差，所以表示出来的年代是根据树木的年轮等实际年代明确的样品测定值修正的树轮校正年代。例如，二里头遗址第三期的测定值是公元前 1335—前 1155 年，而之前的树轮校正年代比这一年代早 250 年左右。围绕夏王朝的历法年代，到底应该采用哪一个年代，考古学家们反复进行了讨论。但是，以核能闻名的国际原子能机构（IAEA）于 1998 年制定了国际标准的校准曲线，欧美和日本现在一般都严格采用这一标准进行验证，使用校准年代。第二，测定值有数百年的误差，不适合需要细致的年代论的夏、商、周时代。

前面的二里头三期的树轮校正年代是公元前 1590—前 1300 年，前后有 290 年的误差。而且，这并不表示二里头三期是公元前 1590 年开始于公元前 1300 年结束，只不过是测定的样品年代集中在这期间的概率很高而已。第三，这一方法不适合从文化层和壕沟遗迹等采集的样品，因为这些遗迹地层的形成经过了相当长的时间，最好采集可能是同时埋葬样品和随葬考古学年代明确的陶器墓葬和储藏坑等，但是很多时候并没有注意样品的采集方法。第四，到目前为止的测定中，其样品多使用木炭。因为一直认为碳含量多的木炭作为样品是最适合的，但是如果样品是树龄长的树的话，接近年轮中心的部分和接近树皮的部分在测定值上会有很大的差异。而这一点也几乎没有在迄今为止的年代测定中被注意到。

在“夏商周断代工程”中，放射性碳素断代的精密化成为其中一个重要的课题。方法之一是使用 AMS 方法（加速器质谱测年方法）进行高精度的年代测定。这种方法与以往的 β 射线法相比，使用含有少量碳的样品就足够了，即使是兽骨的碎片也可以进行高精度的测年。家畜的生存年龄最多也就几年，所以使用木炭时所担忧的问题也能得以解决。因此，弥生时代的起源要比一般说法早 500 年左右，也是因为用 AMS 方法测定了陶器上附着的微量碳化物。另一种方法是，在以往的 β 射线法中也适当地进行了样品的预处理，通过使用国际标准的校准曲线，能够做到误差在 100 年内的高精度分析。像这样随着年代科技分析技术的进步，样品的采集方法得到了改善，利用放射性碳素断代的龙山文化、二里头文化、二里冈文化的历法年代比以前飞跃性地提高了精度。这样一来，终于可以将历法年代用于夏王朝的年代讨论。

夏王朝的年代

图 14 显示的是“夏商周断代工程”新测定的王城岗遗址、二里头遗址、偃师城遗址、郑州城遗址等的各个时期的校准年代。最终公布的这个概要，有可能对数据进行了筛选，横轴为公元前的历法年代，纵轴为遗址和时期，每个样品均显示了放射性碳的年代幅度、测量方法和样品的种类。

因禹都“阳城”说引起关注的王城岗遗址中，以陶器类型学为基础，将龙山文化的中、晚期细分为五期。陶器类型学编年和 AMS 方法的放射性碳素断代，前后关系没有矛盾。根据这个日历年代，城郭建成的第一期时间大约是公元前 22 世纪，龙山文化的结束时间约是公元前 20 世纪。

二里头遗址的二里头文化共分四期，二期到四期根据 β 射线法测定的年代与陶器类型学编年没有矛盾。但是，二里头一期测定出的两个数据前后矛盾，与王城岗的龙山文化之间存在时间上的空隙，仅凭这一点无法确定二里头文化的起源。另外，二里头一期、二期的年代跨度是 100 年左右，而二里头三期、四期则是 50 年左右，这一年代跨度较短。

偃师城遗址共分六个阶段，在这里仅讨论第一到第三阶段的年代。放射性碳素断代的年代测定与 AMS 方法和 β 射线法同时使用，得到了几乎相同的结果。各期的年代幅度，除了第一阶段较长，其他各阶段都在 50 年左右。小城的筑城是在第一阶段，公历年代大约是公元前 16 世纪，正是从夏王朝到商王朝的交替时期。这与之前根据古典文献得到的年代基本一致。但是，第一阶段的陶器显示的特征是二里头四期的陶器，而公历年代则与二里头三期重合。

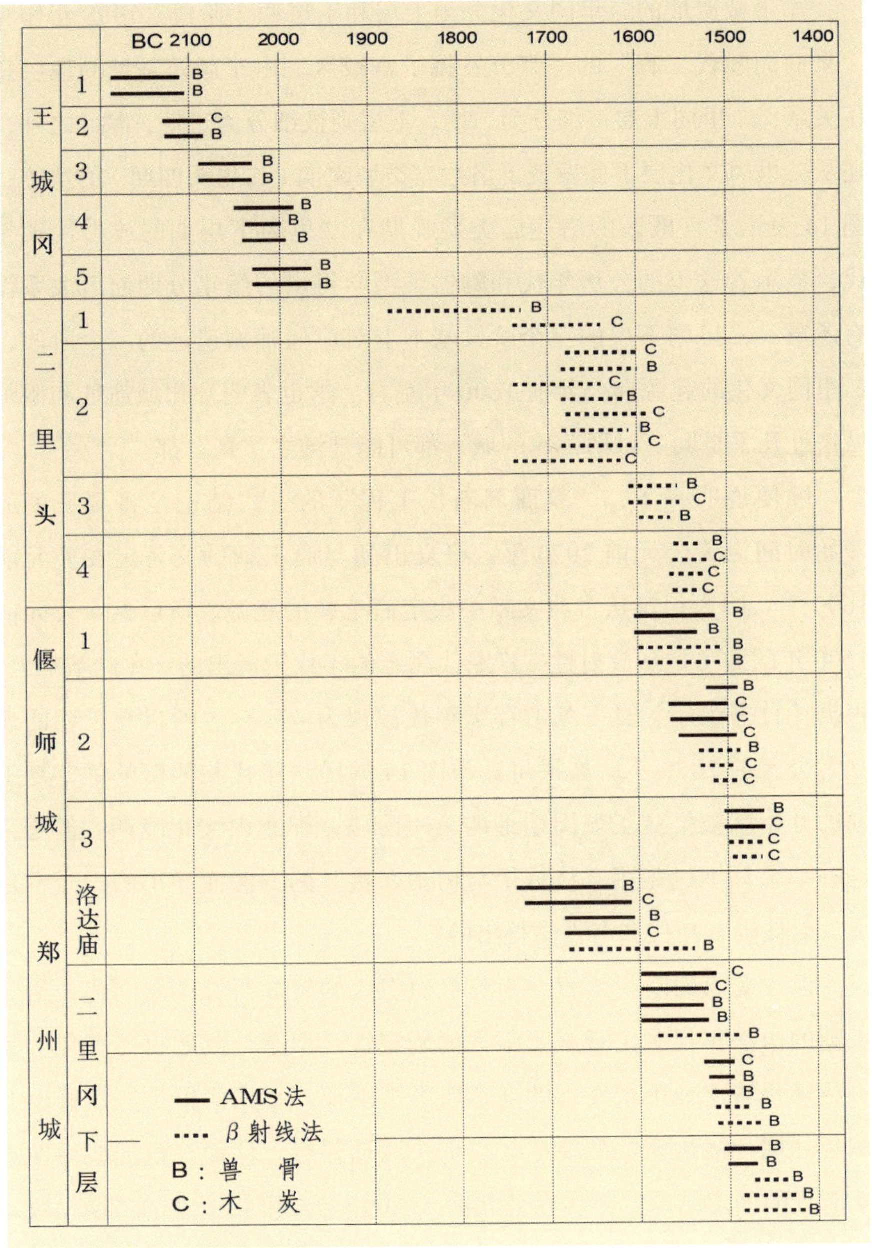

图 14　用放射性碳测定的各遗址年代

郑州城遗址的二里冈文化分为上层和下层两个阶段。1998 年作为“夏商周断代工程”的一部分发掘了宫殿区，由于版筑基址的地层叠压关系，二里冈上层被细分为二期，下层则被细分为三期，除此之外，还从二里冈文化层下面发现了洛达庙类型晚期（二里头四期）的遗迹。图 14 表示了宫殿区的洛达庙类型晚期和二里冈下层期的放射性碳年代，显示着这里的公历年代和陶器类型学得出的编年分期前后关系没有矛盾。二里冈下层的三个阶段基本上对应偃师城遗址的三个阶段，二里冈文化的起源在公元前 1600 年左右。这也表明郑州城遗址和偃师城遗址几乎是同一时期营建的城，都可能是汤之“亳”都。

顺便说明一下，“夏商周断代工程”的正式结论是将夏王朝的开始时间定为公元前 2070 年，将夏王朝与商王朝的交替定在公元前 1600 年。因为很难从古典文献中决定商王朝的起源，所以这个公元前 1600 年的数字是从放射性碳素断代测定的年代里得出的。在此基础上，根据《竹书纪年》夏王朝的存续年代被视为 471 年，所以夏王朝的建立为公元前 2070 年。如果将其与图 14 的历法年代相匹配的话，夏王朝的开始就被推到王城岗遗址的第三阶段，即龙山文化晚期。但是，这一结果只不过是用“将竹子与树木嫁接”的方法而导出的，并不是由放射性碳素断代和考古学得出的。

以“夏商周断代工程”为契机而引入的新放射性碳素断代，给商王朝的历法年代确定带来了很大的确定性。但是，问题仍然存在。其一是郑州城遗址下层发现的洛达庙类型晚期。根据陶器类型学得出的编年分期，洛达庙类型晚期与二里头四期并行，然而，根据放射性碳素断代的测定结果其年代在公元前 17 世纪与二里头遗址的二期一致，因此导致与二里头遗址的编年前后矛盾。其二，根据陶器编年分期，二里头三期、四期和二里冈下层期是连续继承的，但是从放射性碳素断代来看，二里头遗址的三期、四期，偃师城遗址的第一阶段，郑州城遗址的二里冈下层第一阶段都属于公元前 16 世纪，时间上几乎是重叠的。也就是说，商王朝的开始，如果根据偃师城遗址的第一阶段来决定的话，就要追溯到公元前 16 世纪初；如果以考古学的成果为基础来决定为二里头遗址的二里头文化四期的话，就要推后到公元前 16 世纪后半期。总之，若是只看一个遗址的话，放射性碳素断代测定的年代和陶器编年分期是相吻合的，但是在不同遗址之间比较的话，公历年代就与陶器编年分期出现了差异。不管放射性碳素断代测定的年代和陶器编年哪个正确，从洛达庙类型到二里冈文化的陶器编年在放射性碳素断代测定的年代和遗迹之间开始整合，与其说已确定了从夏王朝到商王朝交替的公历年代，不如说真实的现状是目前还处于探索阶段。

关于夏王朝我们到底了解多少

通过将位于河南省洛阳市偃师区的二里头遗址和偃师城遗址的发掘成果与古典文献的记载相互考证与互证，我们可以从考古学上讲述从夏王朝到商王朝的交替故事。而根据新的放射性碳素断代测定，也可以推测出这一交替发生在公元前 16 世纪。中国的考古学家根据这些成果确信夏王朝的实际存在，二里头文化才是夏文化，一般把这个时代称为“夏时代”。

但是，即使将二里头遗址作为夏王朝最后一个都城，夏王朝的问题也并没有全部解决。首先，《竹书纪年》记载的夏王朝的都城，罗列出来有“阳城”“斟鄩”“商丘”“斟灌”“原”“老丘”“西河”七处。即使把其中最后的夏王桀的都城定为二里头遗址，也很难从考古学上对其他几个王都进行比定。学术界有人认为夏人的根据地位于山西南部，之后迁至二里头遗址，还有人认为夏人是从河南中部的颍河上游迁至二里头遗址的，但是这些也只限于推测的范围。目前因为没有找到能与二里头遗址比肩的同时代的大遗址，且在二里头遗址的二里头文化第一期到第四期是连续发展的情况下，从考古学上找不到反复迁都的证据。

从考古学上很难确定夏王朝的起源。虽然已经缩小到龙山文化晚期说和二里头文化一期说，但是通过陶器的变化来判断政治动向是很危险的，回顾一下关于夏王朝终结的研究史就明白了。现在虽然把二里头文化的时代称为“夏时代”，但是假如夏王朝的开始需要追溯到龙山文化，而二里头四期进入商时代，那么考古学的二里头文化和夏王朝的时代就完全不一样了。因此，把二里头文化以及与之并存的诸文化时代称为“夏时代”是不恰当的，在此我想以考古学的研究成果为基础将其称为“二里头时代”。

但是，解开夏王朝的关键线索，无疑就在这个二里头时代中。以前将研究集中在夏王朝是什么时候建立及灭亡、在哪里建立的问题上，现在这些问题也已经在某种程度上得到了解决。现在的课题我想应该是从考古学上来了解二里头时代。在中国，作为最初诞生的王朝体制能从二里头文化中得到确认吗？在先行的龙山文化中，存在着山西省陶寺遗址那样的巨大城郭聚落，后面则是以郑州城遗址、偃师城遗址为中心的商王朝。在此期间的二里头文化是一个怎样的社会呢？脱离以古典文献为基础的历史学框架，考古学终于到了可以发挥自己本领的时候了。

第四章
王权的诞生

一、朝廷的建立

宫殿的发掘

作为夏王朝之都的河南省洛阳市偃师区二里头遗址，位于伊河和洛河流经的平原上，遗址向四周各扩展了约 2 公里。负责调查发掘的中国社会科学院考古研究所将其划分为从东南部的Ⅰ区到西北部的Ⅻ区等 12 个区域（图 15）。1999 年，在遗址的东端发现了宽约 10 米的大壕沟，由此显示很有可能原来整个王都被环壕所围绕。经过发掘的只不过是巨大遗址的一小部分，遗迹中央和偏东的Ⅴ区正在发掘的是 1 号宫殿和 2 号宫殿。根据近年来的钻探调查，除了确认遗址宫殿区内有 300 米 ×400 米以上的纵横道路，还发现了 2 号宫殿下面的 3 号宫殿，2 号宫殿向南约 10 米处的 4 号宫殿，2 号宫殿北边的 6 号宫殿（《中国文物报》2003 年 1 月 17 日）。如报道所述，作为王都的中枢，有可能根据街道的划分，计划性地设置了数座宫殿。其时期是从二里头二期到二里头四期，正处于王都最繁荣的时期。

最早被发掘出来的是 1 号宫殿，基址的大小是东西 107 米，南北 99 米，东南部有 20 米左右的突出，总面积接近一公顷（图 16）。宫殿方位稍偏西，建造于二里头三期，在二里头四期时因烧毁而被废弃。

基址的构筑方法，首先是从地面向下挖掘约 1—2 米的坚硬地层，

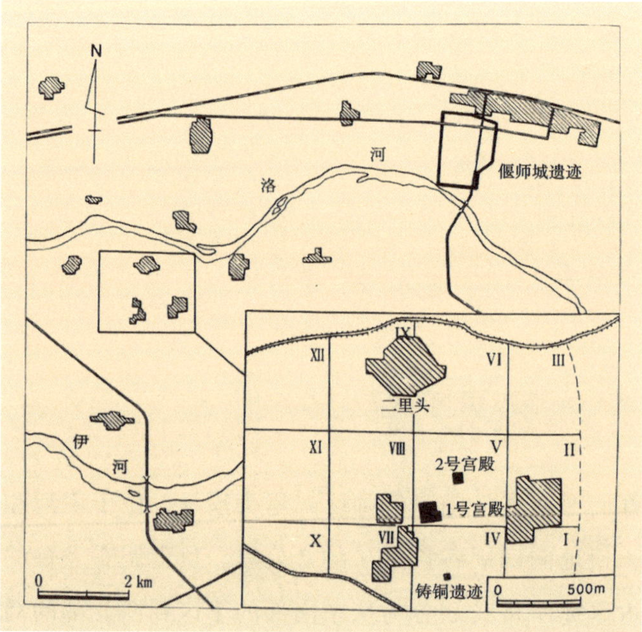

图 15　二里头遗址

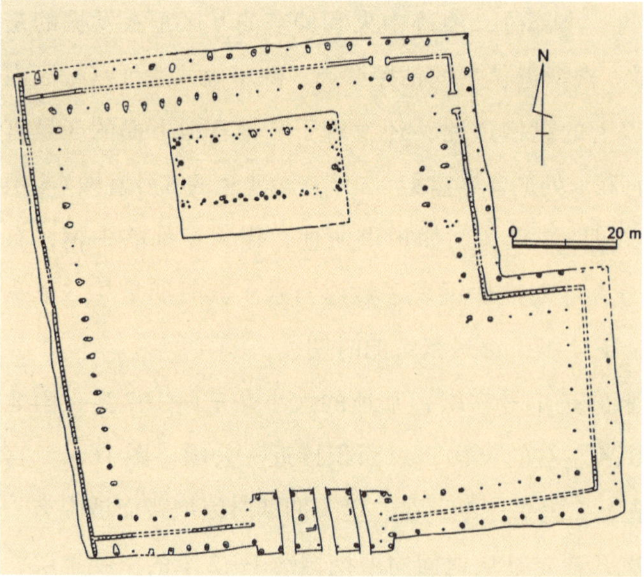

图 16　1 号宫殿遗址（二里头三期）

然后从底部开始以每层 5—6 厘米的厚度一层一层地填土并用杵将其夯实，一直构筑到高于地面 80 厘米左右而形成基址。把土夹在两块木板之间，在厚度几乎均等的每一层用杵把土夯实，这种施工方法叫作版筑。在中国，直到现在这一方法仍被广泛用于农村土墙和土坛的构筑，古代的日本宫殿和寺院的基址也使用了这种技术。我曾经在河南省焦作市府城遗址中发掘过商前期版筑的城墙和宫殿基址，让我很吃惊的是其硬度相当高，即使用铁锹也很难铲下去。版式夯土建筑每层都用杵夯实，仔细挖掘各夯土层面，就可以看到杵的凹陷痕迹就像章鱼烧的铁板一样残留着凸凹（图 17）。试算一下 1 号宫殿的版筑夯土所耗费的劳力，版筑的堆积约为 2 万立方米，如果一个人一天完成 0.1 立方米的夯土版筑，那么总计需要 20 万人，即使一天动员 1000 名工人，也需要 200 天才可完成这样庞大的工程。若考虑到建造基址部分的地面挖掘，需要从其他地方运土过来的劳力等，全部花费的劳力是无法想象的。

在基址中央偏北的地方有一个长方形的正殿。正殿的基址是 36 米 × 25 米的长方形，高 10—20 厘米，上面有一座 30 米 × 11 米的木造建筑。原来的建筑物现在只剩下柱洞，从柱洞的排列来看，深 14.5 米，宽 5.5 米，柱子的间隔是 3.8 米，房顶为茅草或木板，四面的屋檐好像是双重的。把屋檐重叠起来是为了让建筑物看起来更高大。在这个基址的前面是一个很大的院子，从这里仰望基址上的正殿，一定有相当大的威压感。

基址南边中央有南大门。宽 14.5 米，柱子的间隔是 3.8 米，有三条通道。就像留在北京的明清故宫一样，中央是王的通道，两侧可能是臣子们的通道。门前斜坡状的道路延伸到了 10 米以上的长度，人们主要从南侧进出这座宫殿。

从大门开始，沿着基址的边缘排列着土墙和柱洞，暗示着原来宫殿的整体应该围绕有回廊。用木骨泥墙支撑屋脊，走廊上则以立柱支撑屋檐，西面只有土墙内侧有通路，其他三面在土墙的两侧有通路（筑地回廊）。东北角的两个地方有一个小的侧门，正殿东侧附有 3 间小的建筑。这里可能是为正殿仪式作准备的建筑物吧。回廊的柱子间距约为 3.8 米，与正殿和大门的相同。（图 18）

各建筑物的柱子间隔为 3.8 米，基本上是共通的，表示是有一定的模版设计的。在中国古代出现标尺之前，有一种以人的手指和手臂的长度为基准的尺度。一个手指的宽度是 1 寸，十个手指是 1 尺，即双手手掌加在一起的宽度是 1 尺，这几乎等于大拇指和小指展开时的长度。张开双臂的长度是 1 寻，虽然因人而异，但大约有 1.8 米，加上手指的长度大约是 8 尺。因此，3.8 米相当于 2 寻，可以看出宫殿的建筑采用的是以人的双臂长度为基准的尺度。

2 号宫殿位于 1 号宫殿的西北约 150 米处。长方形基址的面积是东西 58 米 × 南北 73 米，面积约 0.4 公顷，大小不足 1 号宫殿的一半（图 19）。方位和 1 号宫殿一样，也是稍微向西倾斜。营建于二里头三期，从二里头四期开始一直存续到二里冈文化为止。

正殿位于中央北侧，基址 33 米 ×13 米，南北长度仅约为 1 号宫殿的一半。版筑的厚度约为 3 米。在基址的边缘排列着柱洞，宽 16.4 米，深 5.5 米，柱子的间隔是 3.5 米。其内侧约 2 米处有木骨泥墙，东西为 26.5 米（约 14 寻），南北为 7.1 米（约 4 寻），木骨泥墙的外围环绕着回廊。木骨泥墙被分成三个房间。基址南边有两处台阶的痕迹，位于正殿前面的中庭大小为 45 米 ×40 米。

南大门位于南边的中央略偏东边。宽 5.5 米，内侧有木骨泥墙，东西 14.4 米（约 8 寻），南北 4.4 米（约 2.5 寻）。中央有一条通路，两侧应该是看门人站立的地方。

图 17　版筑夯土墙的发掘（河南省焦作市府城遗址）

图 18　1 号宫殿的复原想象图（来自杨鸿勋）

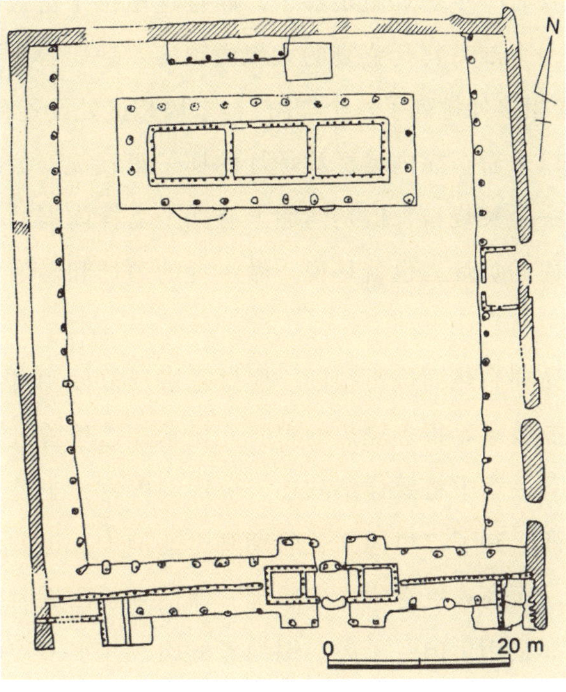

图 19　2 号宫殿遗址（二里头三期）

大门的东西两侧有用木骨泥墙隔开的复式回廊，外回廊的东西两端附有小房间。这应该是与在外面巡视的门卫有关的设施。其他三面是在基址的边缘有版筑夯土墙，东面和西面内侧设有回廊。东墙有四个出入口，东回廊的柱子间距为 3.5 米（约 2 寻），回廊的中央有一座木骨泥墙的小建筑。1 号宫殿也差不多在同一个位置有相同的建筑物。北墙的中央略偏西面有细长的地基，与墙壁相连接的是有 5 间房子的建筑物。

除了宫殿，作为与之相关的设施还有厨房。位于 1 号宫殿南部 60 米的 V 区 3 号建筑遗址是东西 14 米 × 南北 7 米的长方形建筑，和 3 号宫殿一样也属于二里头三期。虽然是相当大的建筑物，但是没有墙壁和柱子孔，东西向的东南部有出入口，室内有九个炉灶。一般来说，住家户每户只要有一个炉灶就足够了，而且这里位于宫殿区内，所以可以认为这是一个准备宫廷盛宴的大规模厨房。炉灶需要在室外冒烟的烟筒，与西墙相接处排列了八个烟筒，与东墙相接处设置有一个烟筒。特别是从出入口来看，靠内墙摆放炉灶的样子很壮观。炉灶都在筒形的基础上建有一个焚烧口，但是西墙上有四个支撑陶器的柱子，另外五个是没有支柱的炉灶。也就是说，做主食的炉灶和做副食的炉灶是分开的。

炉灶都因受到高热而烧得很硬，应该是被反复使用过。除了灰和烧土，炉灶周围散落着很多烧焦的兽骨，显示在这里曾进行过盛大的烤肉料理。在下一章中将要详细叙述，烧焦的兽骨出土是二里头文化及其之前的特征，到了二里冈文化时期则迅速消失。也就是说，夏人喜欢烤肉料理，而商人更喜欢煮肉料理。即使到了西周时代，祭祀和吃饭时基本上都是用生肉、干肉、铜鼎煮的肉，几乎不使用烤肉。在中国的饮食文化中，烤肉料理随着夏王朝的灭亡而中断了很久。

宫廷礼仪的成立

在二里头遗址中，几座大型宫殿和厨房等设施集中在被道路隔开的地方，发掘出的两座宫殿具有与王都中枢相称的规模和构造。特别是 1 号宫殿拥有面积达 1 公顷的宏伟而坚固的版筑基址，可以看出这项工程动用了很多劳力。

二里头三期建造的 1 号宫殿和 2 号宫殿，其方位均是稍微向西倾斜的同一方向，在木骨泥墙形成的回廊包围之中，配置有正殿、中庭、南大门，两座宫殿的构造大致相同。可以推测，建筑物的建筑长度采用了以两手臂张开的长度为一个单位的尺度。但是，1 号宫殿的大小是 2 号宫殿的两倍多，正殿有两层屋檐，大门有三条通路。与 2 号宫殿相比显然有着更重要的作用。

1 号宫殿的中庭是一个 100 米 ×60 米左右的广场。比日本小学的标准操场稍微小一点，大致可以容纳 1000 多人。宽大的正殿和大门的建筑表明这里曾举办过各种各样的宫廷礼仪，那么具体的礼仪是怎样的呢？

在古代中国，政治和祭祀是不可分割的，就像日本也把“政”读成“祭典”一样，东亚的祭祀、政体一致的古代王权持续了很长一段时间，其规范是“礼”。“礼”的本字“禮”表示是用“醴（酒）”来举行仪式的，据《周礼·大宗伯》说，“礼”包括吉礼、凶礼、宾礼、军礼、嘉礼五种礼仪。吉礼指的是对天地神和祖先神的祭祀；凶礼指葬礼；宾礼指的是王和贵族会面的政治礼仪；军礼指军事；嘉礼则包括婚礼、生产、冠礼（成人式）、宴会等。所谓的“礼”，指的是不以英雄或王的个人能力来进行政治管理，而是以各族集团的血缘秩序为基础，为了保护自己的权益而统一的规范。这个礼当然是没有把平民百姓包括在内的。也就是说，礼关系到作为统治者的贵族们的社会生活，用礼来划分贵族社会和秩序。

举行这种仪式的中心场所就是宫殿。中国古代的宫殿，由王侯贵族们过日常生活的起居室、执行政务和礼仪的宫室、供奉祖先的宗庙三部分构成，它们各自的功能以及在空间上是否有明确的区别，其配置和构造是如何发展的现在还不太清楚。但是，成为王朝中心的是王执行政务和礼仪的宫室，即朝廷。朝廷的“朝”是指谒见王，“廷”是指中庭。王在正殿，面朝南，下属们在院子里朝见王。所谓朝廷，是指召集从属于王的人们，通过各种各样的政务和礼仪来确认君臣关系的地方。根据古典文献记载，朝廷从靠近王居住的地方分为燕朝、治朝、外朝三朝，燕朝是近臣和宗族的合议场所，治朝是士以上的贵族执行政务的场所，外朝是听取国人意见的地方。

西周时代的青铜器上刻有王任命（册命）仪式的铭文。作为举办礼仪的建筑，有“宫”“大室”“庙”“寝”等，一般多在“宫”中的“大室”举行任命（册命）仪式。至于仪式的顺序，首先王在“大室”和“庙”里，而册命者（受命者）在合适的人的引导下，站在“中庭”上，王给史官册书，让他宣读册书任命，之后授予被册封者任命书、礼服、武器、车马道具等赏赐品。王和史官在“大室”和“庙”的建筑物内，面朝南，被册封者和引导者一起站在“中庭”与王见面。

图 20 是根据《尚书・顾命》复原的建筑物的设置。这里还详细记载了在西周初期，接受成王顾命（遗诏）的康王即位时的礼仪。首先，正殿里摆放着以玉器为主的各种宝器，院子和门边配置有仪仗兵。王从宾阶进入，大臣、大史、大宗等人则手持玉圭和酒器，从阼阶登堂入室，在大堂宣读即位的册命之后，举行斟酒仪式。康王即位后，东方和西方的诸侯们分别从大门进入中庭，向王纳贡玉圭和地方特产等。

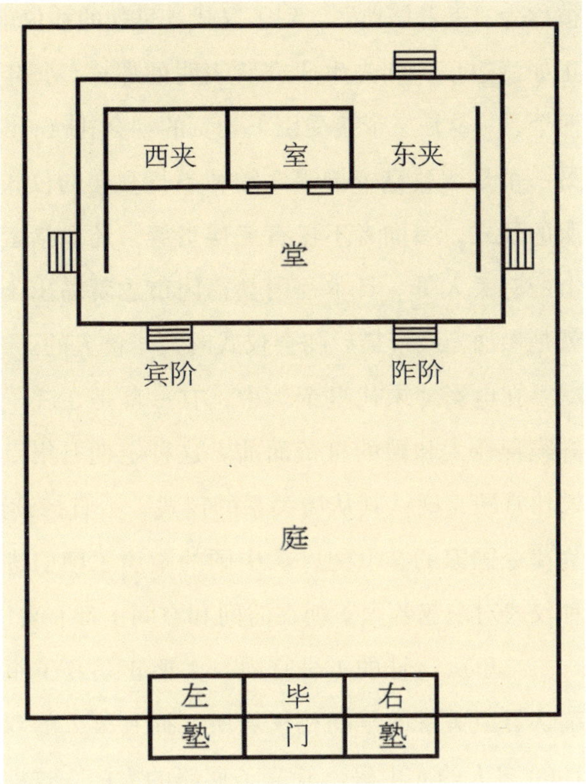

图 20　《尚书·顾命》的宫室（来自吉川幸次郎）

这样的建筑配置和礼仪的议程与西周时代的册命金文相似，可以看出这一文献记录正确地保留了西周时代的即位礼仪。而且，由正殿、中庭、门构成的建筑物的配置与二里头遗址的两座宫殿基本一致。特别是1号宫殿的中庭，大小适合容纳众多臣下，大门两侧有能让众多臣下分东西或左右入场的通道设施。这说明二里头遗址的宫殿也是以王朝为中心的朝廷，暗示着西周时代的宫殿起源于夏王朝时代。

根据儒教经典《礼记·礼器》记载，供奉祖先之王的定期大宴客礼仪在宗庙举行，在中庭里摆满了从全国各地纳贡的特产。由于以这种可以看得见的形式显示了王朝对四方的统治和扩张，所以该礼仪也被称为“王者祭典”。到了汉代，早朝的礼仪就担负起了这样的作用。正如渡边信一郎先生研究所表明的那样，每年正月，朝堂的仪式分为两个，一个是皇帝接受臣下朝贺的朝会礼仪，臣子们根据身份献贡品，另一个是摆放皇帝御赐之物和举行宴会的仪式。朝仪是宣誓对皇帝臣服的仪式，参加者不仅有王侯贵族，还包括蛮夷等在内的约一万人以上的有关人员。日本福冈县福冈市志贺岛出土的“汉倭奴国王”金印就是参加光武帝最后朝会仪式时授予倭人的。

在电影《末代皇帝》中，有一幕是在院子里列队的众多官人们一齐跪拜在太和殿的皇帝面前。这种定期召集臣下到象征着皇帝权威的宏伟宫殿，确认其从属关系的仪式，一直持续到20世纪。日本也在成为律令国家的7世纪，从中国的隋唐王朝引进了这种形式的宫殿。这种仪式对东亚各国王朝在时间和空间上都有着深远的影响。

二里头遗址的1号宫殿，大概正是夏王举行这样的“王者祭典”确认君臣关系的早朝礼仪场所。拥有雄大的双重屋檐的正殿、能容纳1000多人的大中庭、有三条通路的大门，这些都具备适合召集臣下举行朝仪的规模和结构。而且，在其南部发现的厨房很有可能是在早朝仪式之后举行大型宴会的厨房。中国传统的宫廷礼仪是从二里头遗址的1号宫殿开始的，这也象征着中国王朝时代的开始。

二、礼仪性玉器

用于维持君臣关系的玉器

玉器的“玉”在中国指的是软玉这种矿物，在日语中读作“Gyoku”。

这和陶器的“土”、铜器的“铜”一样，都是表示器物的材质，但在日本，人们会联想到天皇家传的三种神器的“玉”，但印象中多为圆形宝石和首饰。首饰的“玉”在中国被称为“珠”，而玉则有更多的形状和用途。

在中国，最早使用美丽玉石制作的仅是简单的装饰品。但是，玉被认为是有神灵寄宿的生命力源泉，所以公元前3000年左右，随着社会的复杂化，出现了具有权威的当权者，由此产生了将玉器作为有神灵依附祭神用的祭玉，此后随着宫廷礼仪的成立，在神灵之下举行社交礼仪用的瑞玉便得到了特殊的发展。

舜赐予治水成功的禹“玉圭”，在西周时代的册命礼仪中也使用了玉器。相反，在即位礼仪和朝见礼仪上，则是诸侯向王献上“玉圭”。这样的玉器授受，并不是每次礼仪都更新所使用的玉器，而是首先王给诸侯的玉器是作为任命职务的明证，授予玉器，诸侯朝见王时携带玉器，进行职务的认证后，再由王授予诸侯玉器。这种“玉圭”就是在宫廷进行授受的“玉圭”，它作为维持君臣关系的礼仪物，对维持王权起着极其重要的作用。

综合有关宫廷礼仪的《礼记·玉藻》记载，在诸侯朝见天子、大夫访问其他国家、举行射击仪式时，必须经常携带细长板状的“笏”，为了向主君上奏，或接受主君命令时使用“笏”，这种“笏”根据身份的不同，其形状和大小、材质也不同，天子是美玉，诸侯是象牙，大夫是用鲨鱼胡须装饰的竹，士是用竹或者象牙装饰的竹。“笏”的形式和使用礼仪与“玉圭”相似，应该是由“玉圭”逐渐转化为“笏”的。“笏”的前身“玉圭”也象征着贵族的权威，像“玉圭”这样的玉器被用于宫廷礼仪的就是瑞玉。“笏”后来也传到了日本，正如在历史剧和人偶手中经常看到的那样，衣冠束带的贵族们一定要把它放在右手里。但是，因为“笏”的日语发音“Kotsu”和“骨”的发音一样而遭到人们嫌弃，“笏”的长度只有一尺，所以在日本也被称为“Shaku（尺）”。

另一方面，有传说因为夏王桀把两个宠爱的妾的名字刻在作为传家宝的玉器上，并且用玉器装饰宫殿和大门，导致国家衰败。对于中国人来说，玉器有着至高无上的价值，虽然到了战国时代这一价值有所下跌，但据传秦王曾想用15座城池来交换赵惠文王手中的“和氏璧”（《史记·廉颇蔺相如列传》）。因此，作为研究夏王朝的一个重要线索，接下来我们再来探讨二里头文化的玉器。

瑞玉的出现

二里头遗址出土的礼仪用玉器有带刃的大型玉璋、玉刀、玉斧、玉戈和小棒状的柄形玉器。这些玉器大部分都是从二里头第三、四期墓葬出土的，继承了山东龙山文化源流的玉璋、玉刀、玉斧在二里冈文化时期完全衰退，而二里头文化中新出现的玉戈和柄形玉器则被其之后的时代继承了下来。

所谓玉璋，是指短笺形的前端稍微宽大，有带内弯的刃，在柄部附近有一孔，孔两侧有锯齿状的突起，左右一般不对称（图21的1和2）的玉器。二里头文化的玉璋长约50厘米，在锯齿状的装饰两面都刻上了细细的平行线，比起龙山文化的玉璋，装饰用的倾向更为明显。柄基部及其附近的孔没有安装的痕迹。四川省广汉市三星堆遗址中，有跪着双手捧着玉璋的铜人像（图22上），显示在祭祀和礼仪场合，玉璋像“笏”一样握在手上。三星堆遗址还出土了刻有在山脚下竖立着玉璋的画像（图22下的箭头）。关于玉璋的出现则要追溯到龙山文化，

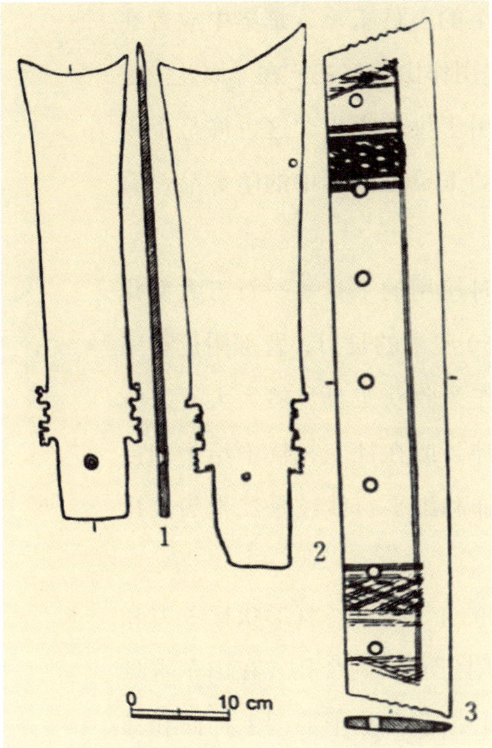

图 21　玉璋和玉刀（二里头三至四期）

图 22　玉璋的使用方法

在山东省临沂市沂南县罗圈峪遗址中出土的三件玉璋，是集中放置在山腹部的岩石处，由此认为玉璋也可能被用作山岳祭祀。在《周礼·玉人》及其注释中，玉璋在天子巡猎时被用于供奉山川，这也许是个令人意外的古老传说。但是，二里头遗址的玉璋是墓葬中的陪葬品，看来其用途并不局限于对山川的祭祀。

细长的梯形状的玉刀是收割谷物穗时使用的工具——石刀大型化后的玉器（图 21 的 3），拥有长度超过 50 厘米的长刃，背部附近有三个或七个孔。孔径大到手指可以穿过，作为收获工具显然太大了，所以玉刀应该和玉璋一样，是用双手献给神，或在社交礼仪中给予和接受时而使用的。两边剪裁出的锯齿形装饰和细平行线纹是二里头文化新出现的特征。

长条形的玉斧多被称为玉圭（图 23 的 1 和 2）。其形状比玉刀和玉璋都小，长度在 20 厘米左右，基干部附近有一两个孔。在山东省日照市两城镇遗址采集到的龙山文化玉斧上，有在基干部刻上神面和鸟纹，与斧和钺不同，没有装柄，而是把刀刃放在了上面。二里头遗址Ⅲ区 2 号墓出土的玉斧，两孔之间的部分刻有雷纹，从下面的孔到基干部的三面画着放射状的红色射线。如果在孔里穿上绳子的话，就看不到这个花纹了，所以玉斧应该和玉璋一样，是在祭礼场所直接用手捧着的瑞玉。

带有大的刀刃的斧形玉钺，虽然从新石器时代开始一直到二里头文化都连续存在，但是它可以大致区分为两种：一种是带柄的实用斧；一种是像玉璋、玉斧那样用手捧着使用的礼仪性物品。适合装柄的玉钺制作得较厚重，多出土于墓葬以外的生活性地层，应该是在战斗和仪仗等场合使用的。与此相对，随葬在墓葬中的玉钺，和玉璋、玉斧一样，是在宫廷礼仪中使用的，从形式上可分为三类。第一类是将两侧锯齿

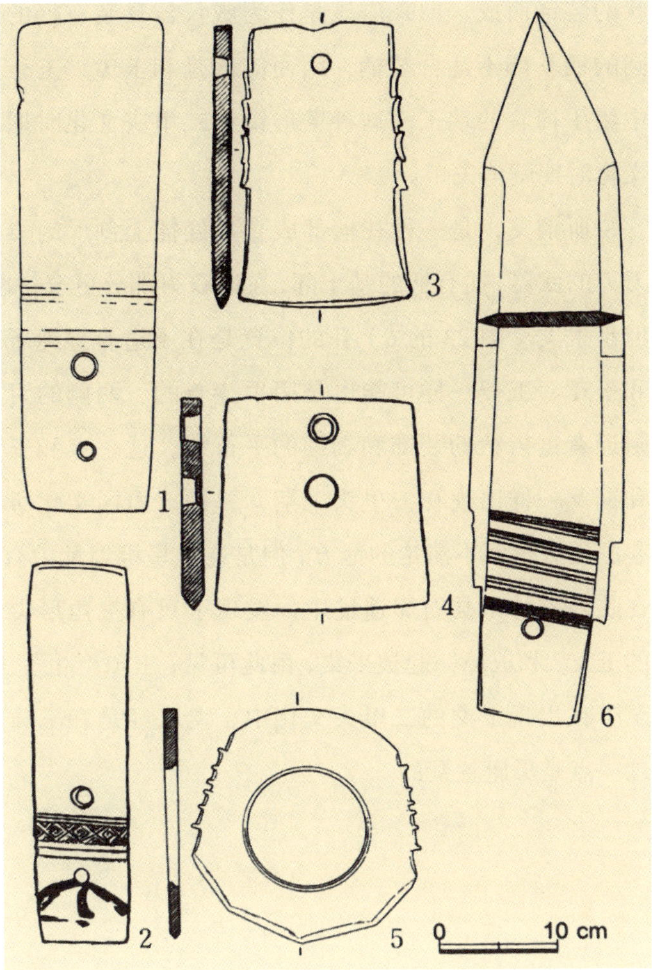

图 23　玉斧、玉钺、玉戈（二里头三至四期）

状装饰切削成很薄的样子，并在柄底部附近开一个孔（图 23 的 3）。第二种是Ⅴ区 3 号墓的玉钺（图 23 的 4），在两个孔中的其中一个特意镶嵌薄而圆的绿松石片，显示这是一个失去了安装柄的本来功能，只是为了装饰性的目的而钻的孔。第三种是璧形的玉钺（图 23 的 5）。在带有大圆孔的玉璧周边，做出四个内弯的刀刃，并刮削掉两侧锯齿状的装饰而成。原来应该是作为威仪器具装有柄的，但是大圆孔和略圆的柄基部不适合装柄，因而应该是和玉璋、玉斧一样在祭祀和礼仪中用手捧着的瑞玉。这种璧形钺在二里头文化时期新出现，到二里冈文化时期就消失了。

所谓戈，是一种在柄部成直角处插上剑形的刃，可以挥舞着的带刀刃的武器。插有柄的基干部，在比双刃部分更窄一段的地方有一个孔，但是玉戈（图 23 的 6）孔的位置是在不适合穿绳子的地方，因此玉戈和玉璋、玉斧一样可能也是用手捧着的。两侧的刀刃是不对称的，孔附近有锯齿状的装饰和细细的平行线，这一点和玉璋是共通的。玉戈和铜戈一样出现在二里头三期，并被二里冈文化所继承。关于玉戈的起源还有很多不清楚的地方，但是在三星堆遗址中有尖头的戈形玉璋，在陕西省神木县石峁遗址中，发现了只有三角形尖部带刃的初创时期的玉戈，和玉璋一起被采集，由此可见，玉璋产生了玉戈的可能性很大。至少在出现玉戈的二里头文化中，戈已经是和玉璋一样不装柄使用，这一点是毋庸置疑的。

祭玉和瑞玉

以上这些大型有刃玉器都是用手捧着使用的，从板状的形状来看，应该是之后与衣冠束带的贵族在朝廷所持有的“笏”相关联的“玉圭”。玉器的种类可能表现出所属贵族的出身和职务的不同，但细节尚不清楚。这些都应该是用于宫廷礼仪的瑞玉，而在二里头文化中，这些瑞玉都是带有刀刃的。

与此相对，扁平或棒状的柄形玉器是长 20 厘米以下的小型玉器，在柄尖头下方稍微下挖，柄体基干部变细（图 24）。京都大学林巳奈

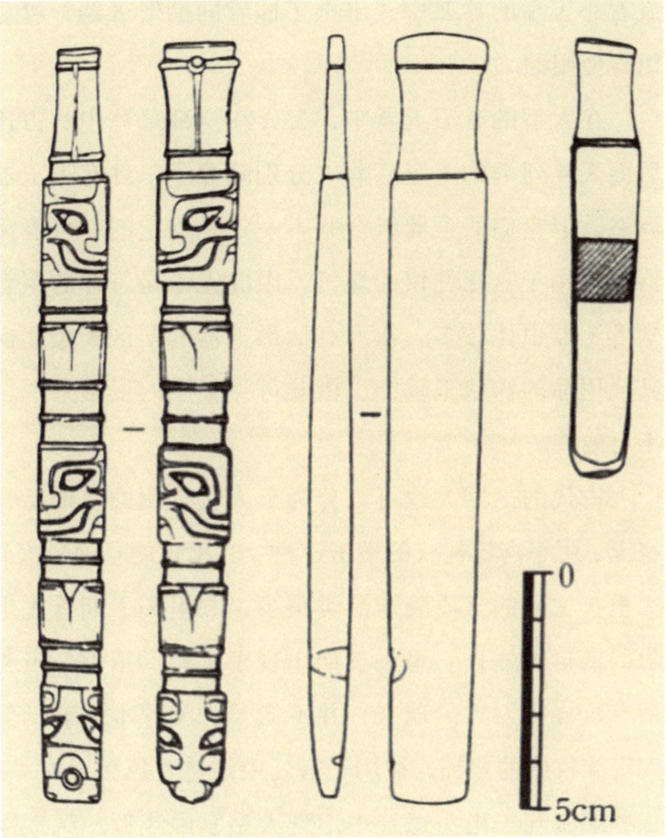

图 24　柄形玉器（二里头三期）

夫（1925—2006）认为这种柄形器很像是古典文献记载的“大圭”，立起来放置，用来召唤某种神灵的降临。大圭的“大”字并不是大的意思，而是尊的意思。其中，从二里头三期的 V 区 4 号墓出土的柄形玉器，将神面和花瓣各两段交替雕刻，在柄基干部施有兽面，以适合神灵的寄宿。它与玉琮有着共通的作用，或许就是作为玉琮的替代品，简单地依据玉琮而创作出来的。柄形玉器早于大型有刃玉器，在二里头二期就出现了，并被二里冈文化所继承。特别是在西周时代，在镶嵌着小玉片的器皿中，出土了插着的柄形玉器，可见它是与其他物品组合使用的。

在大型的有刃玉器中，玉斧在全部墓葬中的占比仅次于玉刀。在后面表 4 列举的六座墓葬中分别随葬了三件有刃玉器，这虽然不能算偶然，但它们的玉器组合并不一定是固定的。可能无论哪一种有刃玉器都是用于宫廷礼仪的瑞玉，因此无论是怎样的组合都可以。小型的柄形玉器也比较多。在没有柄形玉器的Ⅴ区 3 号墓也出土了被认为是其代用品的棒状玉垂饰，由此可见上层的贵族墓中祭器的柄形玉器是不可或缺的。

古代的玉器大致可以分为个人装饰用的装饰品、作为神灵依附的祭玉、用于宫廷礼仪的瑞玉三种，其出现的早晚也大致是这样的顺序。二里头文化的玉质装饰品类很少，二里头二期首先出现了作为神灵依附的柄形玉器，二里头三期出现了玉璋、玉刀、玉斧、玉戈等礼器。拥有这样带刀刃的瑞玉，并不像斧和戈原本需装柄使用，而是作为表现贵族权威的象征，被用于宫廷中维持君臣关系的“玉圭”或“笏”。这些瑞玉与二里头遗址中出现大型宫殿步调一致地同时出现，证明了王权和维持它的宫廷礼仪是在二里头三期的时候得以建立与维持的。

三、饮酒礼仪

酒器的革新

正如前面指出的那样，“礼”的本字“禮”是表示用“醴（酒）”来举行的仪式，古代的礼仪中一定有饮酒礼仪。古代的酒和现在的日本酒一样，是用谷物发酵制成的酿造酒，像是黏稠浊酒一样的米酒，一般会用香草来加上香味，加热后饮用。有传说认为，商纣王是因为沉迷于“酒池肉林”而亡国的，那么二里头文化又使用了什么样的酒器呢?

饮酒用的陶器中，有热酒用的盉、鬶、爵和饮酒用的觚，这些陶器都是用于神圣的祭祀仪式，所以都是用精良的黏土精心制作而成。这些陶器很少从生活性遗迹中出土，大多是随葬在墓葬里的。青铜制的酒器出现在二里头三期。最初制造的青铜器是模仿陶器形状的小型爵，在二里头三期时出现，到了二里头四期，就产生了稍微大型的斝和盉。因为铜器的热效率很高，所以不是从用嘴饮酒的酒杯，而是从用火烧热酒的温酒器开始制作的。但是，铜原料很难得到，铜器的铸造需要高度的技术，所以能制作的器皿数量很少，只能仅供一部分高级贵族使用。

用于加热的温酒器盉，带有袋状三足和把手，在容器上方有注酒入内的口部和封口的盖子以及管状的注入口。这种盉往往称为封顶盉。二里头四期仅有一例铜盉出土，西周时代出土了一件带有铭文“盉”的青铜器。应该是在酒里加入药草煎制，或是为了给酒增加香气的器皿，因为在铜盉上有着火时形成的煤灰。

关于盉的起源被认为是从山东大汶口文化到龙山文化时期常见的鬶演变而来的。鬶是指带有三足和把手，口缘部连接有喙状注入口的酒器。在这样的鬶上加上盖子和管状流就是盉。二里头文化的盉（图 25 左）和鬶（图 25 右）中有很多精致的白陶和黑陶，由此也可以看出其和山东龙山文化的关系。

加热酒的陶器，在二里头文化时期虽然数量很少，但除了盉和鬶，还有斝。斝是在宽嘴的壶上安装把手和袋状三足的器型，二里头四期

图 25　陶盉（左）和陶鬶（右）（二里头二期）

图 26　铜盉（左）和铜斝（右）（二里头四期）

首次出现青铜斝（图 26 右），在二里冈文化中比较盛行。二里头文化的斝，从形式上看，被认为是从盉和相关联的鬶中派生而来的，但是没有注入口，应该是用勺子舀酒的。

爵的不对称性

加热酒的温酒器中，有带流的小型陶器爵。爵的横截面呈椭圆形，壶上附加有板状的把手和棒状的三足，二里头文化的爵有两种，一种是在器口一边有细长的流口（图 27 的 1），另一种在腹部有管状的流（图 27 的 2），只有前者被其后的二里冈文化所继承。关于爵的起源，整体的形状和用途似乎和鬶、盉有关系，但是因为大小、把手的位置、脚部的形状不同，不得不认为爵是由二里头文化创造出来的新器型。

铜爵是模仿陶器的形状，在椭圆形的平底带有三个截面为三角形的细脚，从细长的腰部到尖头的尾巴都显示着利落、轻快的形状。虽然没有带花纹，但是在底部侧面的四处有圆形镂空装饰。二里头遗址共出土了十几件，高度在 10—20 厘米之间，分别属于二里头文化的三期到四期，随着时期演变，爵的流、尾、足部逐渐变长（图 28）。铸造时的模具除内模具外，外模具至少有两侧和底部三块，因此至少是使用了四种组合模具而完成的。铜爵一直发展到二里冈文化时期，与觚配套，作为代表性的酒器一直盛行到西周时代。

爵的把手左边是流口，右边是向前伸展的尖尖的长尾。商代的铜爵中，把手的对面是有花纹的正面，把手的一侧则是背面。三只脚中的一只在把手下面，另两只在正面的两侧。这个配置原则毫无例外地被严格遵守。用这种不对称的容器倒酒，右手的手指握在把手上，正面朝着对方向左倾斜爵是很自然的，这显然是为惯用右手的人而制作

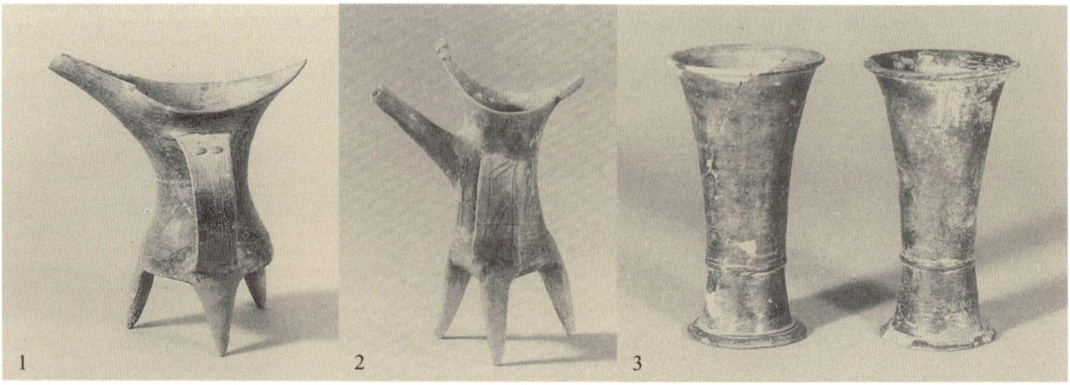

图 27　陶爵（1、2）和陶觚（3）（二里头二期）

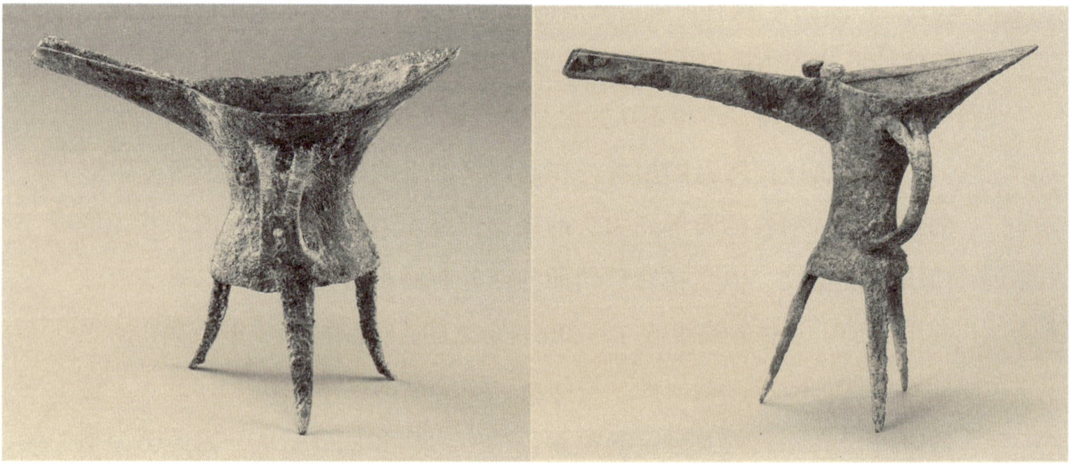

图 28　铜爵（二里头三至四期）

的（图 29）。如果用左手拿爵的话，就握住了躯干，大拇指会遮住花纹，也会让对方看到把手的背面。像我这样左撇子的人看来，爵的这种设计原则有点儿不合理。爵持续了将近 1000 年直到西周时代消失。

看中国的古装剧，经常能看到贵族们一手拿着铜爵干杯的场景，但不知道是否能从爵里直接饮到酒。但是，从把手和流口的设计原则

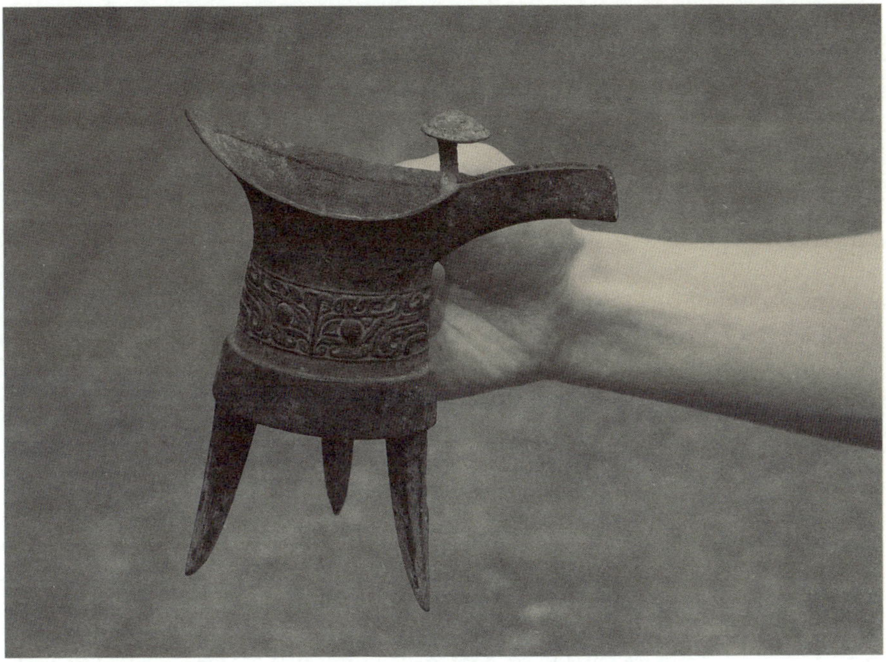

图 29　爵的拿法（二里冈文化的铜爵）

来看，可以推测出爵的拿法和用爵喝酒的喝法等有着非常细致的礼仪礼法。正如“公爵”“伯爵”等始于周代的爵位中使用了“爵”字一样——“爵”是酒杯的总称，并不是指现在正在讨论的酒器爵，但在王朝的礼仪中喝酒是非常重要的，因为爵的出现，可以看出二里头文化在饮酒礼仪上具有划时代的意义。

盉的高度一般都会超过 20 厘米，容量也较大，而爵的高度却不超过 20 厘米。顺便说一下，奈良国立博物馆收藏的商代铜爵的容量，根据泉屋博古馆的广川守的研究，一般容量是在 200—240 毫升之间，大型尺寸爵的容量是 300 毫升左右。虽然没有机会亲自测量二里头文化的爵的容量，但是应该比商代的铜爵还要小，大概不会超过一合（180

毫升）。酒精的度数也不会超过现在的日本酒，所以爵一杯酒的量相当于日本酒不到一合的程度。

从杯到觚

接下来让我们来看看觚。细长筒状的觚在二里头文化时期出现（图27的3），在二里冈文化中出现了铜觚，直到西周时代铜觚都是和铜爵配套的酒器。觚的起源是山东大汶口文化，其后扩展到河南龙山文化，但是早期的觚多为较低矮的形式，在二里头文化之后变为细长的筒形觚。觚的形状比较简单，容易制作，也不用接触火，所以也常用木头和象牙等制作。在山西龙山文化的陶寺遗址中，出土有木制的觚形杯，二里头遗址的墓葬中出土有漆觚，在商代晚期则出土了雕刻复杂花纹的象牙觚，在西周时代则是用金箔和绿松石镶嵌的漆觚，是制作非常华丽的工艺品。

二里头文化的觚，高度多为10—20厘米，容量虽未测量，估计小的在一合左右，大的在五合左右，容量比爵大。觚的形式很明显是抿着嘴喝的杯，但从容量和墓葬出土的组合来看，应该是从爵里把酒倒进觚里来喝的。

酒器组合

随葬在墓葬中的陶器，多以盉、爵组合为主，也有爵、觚或者盉、觚这样的组合，不是特别固定。但是，总体来看，大型的盉和小型的爵、觚组合比较多，因此二里头文化时期爵、觚组合关系还没有完全确立。铜爵也常和陶器盉一起使用。在二里头遗迹的Ⅲ区2号墓和Ⅵ区6号

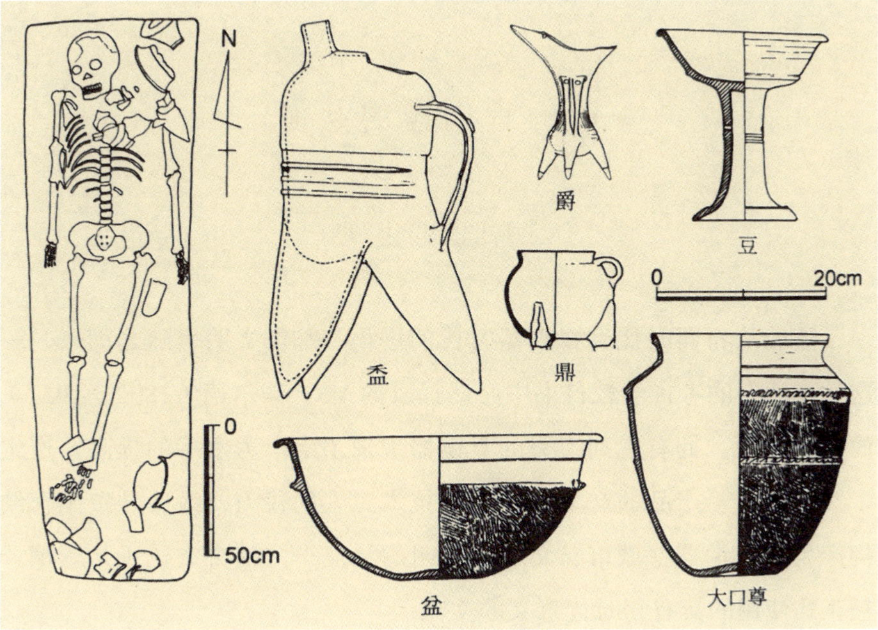

图 30　二里头遗址Ⅵ区 8 号墓（二里头二期）出土的陶器

墓中，铜爵和陶器的盉共存，同时，在Ⅵ区 9 号墓中，铜器的斝和爵与陶器的盉及漆觚共伴。

图 30 中以相同的比例尺表示了二里头遗迹Ⅵ区 8 号墓（二里头二期）出土的陶器。被葬者的右臂侧有爵，左肩上有盉和食器豆，脚下有大型的大口尊、盆、鼎。一般像这样的饮酒器多放置在死者的头部附近，因为被葬者的性别得到鉴定的很少，所以不能断定其性别，但是从报告的例子来看，随葬酒器的墓葬墓主偏向成年男性。据古籍文献记载，女性在婚礼等场合也会喝酒，但在二里头文化中到底是否会禁止女性饮酒，这一点令人好奇。

四、青铜器的起源

铜礼器的出现

随着从石器时代到青铜器时代的进化，都市文明也随之而来——这是在所有的考古学教科书中必然提及的 V.G. 柴尔德（1892—1957）的古典学说。拥有锐利刀刃的青铜器带来了生产力水平的提高，产生了掌握原料、产品的交易和拥有高技术工人的权力，最后导致国家结构产生。青铜器、城市、文字是文明的象征，二里头文化正是青铜器被正式使用的具有划时代意义的文化。

在二里头文化中，除了形状复杂的容器，还出现了乐器、武器、工具、装饰品等各种铜器。扁平形状的武器和工具，只需将一个模子或两个模子组合起来即可铸造，而做成中空形状的容器等，则需要将内模和两个以上的外模组合起来进行铸造，因此需要更复杂的工序和高难度的技术。在世界青铜器文化中，最著名的青铜器就是古代中国制造的。

铜容器中，二里头三期出现的爵是最早的，在二里头四期还出现了盉、斝、鼎。全部是用火加热的三足器，只有煮饭用的鼎是一个例外，其他这些铜器全都是仿照陶器制作的酒器。当然，除王朝的统治者们重视酒器之外，对铜器加热应该效率更高。铜爵之所以能成为饮酒礼仪中最早、最重要的酒器之一，可能跟其尺寸较小并容易制造有关。二里头四期随着铸造技术的进步，铜爵开始大型化，同时制造出超过 20 厘米的盉、斝、鼎也成为可能。鼎（图 31）的高度达到了 20 厘米，其中一个斝的高度达到了 30 厘米。然而，“问鼎轻重”（《春秋左氏

图 31　铜鼎（二里头四期）

传·宣公三年》）中提到的夏王朝传承到商、周的大型宝鼎，以二里头文化当时的铸造技术还无法制造出来。

装饰品

铜铃从侧面看是梯形，从上面和下面看是杏仁形或椭圆形，而且是中空的。铜铃起源于山西龙山文化。山西省襄汾县陶寺遗址中发掘的 3296 号墓，死者是五十多岁的男性，在其左腰的位置发现了铜铃，是高 2.5 厘米的小铜器，没有发现悬挂在铃铛上的铃舌。在龙山时代，陶铃在中国的广大范围内的许多遗址均有出土，但是陶寺遗址是唯一发现铜铃的例子。到了二里头文化时期，铜铃高度变为 8 厘米，有逐渐大型化的倾向，因为铜铃是用绳子吊起来的，有环纽，在一侧有板状的鳍。在二里头二期的Ⅴ区 2 号墓中，和陶寺遗址一样，在死者的左腰附近出土了铜铃，在二里头四期的Ⅵ区 57 号墓中的铜铃上有玉管状的铃舌（图 32）。就像走路时发出叮铃叮铃的金属声一样，铜铃应该是挂在腰上使用的。当时，看到闪耀着金黄色铜的机会很少，也应该很少听到铜铃的声音，这种装饰足以引人注目。但是，这种风俗在二里冈文化中被逐渐废除，到了商晚期，铜铃被挂在牛、狗等家畜的脖子上。日本弥生时代的铜铎就起源于这种铜铃。

与铜铃共同出土的铜器中还有嵌绿松石铜牌饰（图 33）。在草履形铜板上，配合兽面纹的形状，将小绿松石片填入马赛克状兽面上。因为是从死者的腹部附近出土的，可能是通过侧缘四角的环纽穿缀在衣服上的东西。在当时，绿松石镶嵌在赤铜色的铜板上光彩夺目，与铜铃一起佩戴肯定会提高佩戴者的威严。铜牌饰在二里头二期出现，二里冈文化时期并没有得到继承。

图 32 铜铃和玉铃舌（二里头四期）

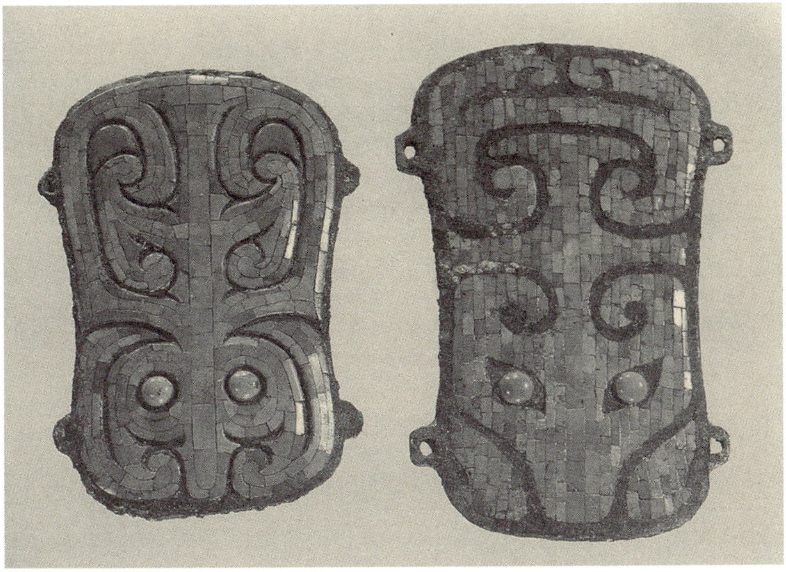

图 33 嵌绿松石铜牌饰（二里头二至四期）

和铜牌一样的装饰品还有圆形铜器。圆形铜板上镶嵌着绿松石，直径大概是 10—17 厘米，也应该是穿缀在衣服上的装饰品。

青铜武器的出现

青铜武器有戈、斧、钺、刀、箭头等，均出现在二里头三期（图 34）。用于近距离作战的戈、斧、钺、刀，全部是墓葬的陪葬品，每座墓除戈有两个以外，其他都只出土了一件。这些青铜器实际上并不是用于战斗，而是用来显示威仪，因而并没有普及。相反，远射用的铜箭头，大部分出自生活性文化层，还有刺入人骨的例子，所以铜箭头才是实际用于战斗的真正武器。

铜戈是在柄部装有几乎成直角的剑刃，有的在柄部向下稍弯曲呈圆形，还有的和柄部呈四方形。它们的刀尖都很锋利，断面是菱形的，刃部的长度大约是 20 厘米，在柄上安装的部分开一个孔，用绳子绑在柄上。这两种铜戈均发展到了二里冈文化时期，由此成为古代中国有特色的武器类型。

细长条形的铜斧，刃部的宽度稍微扩大，身长不到 20 厘米，断面呈略厚的纺锤形。除安装在手柄上的穿孔之外，还设计了上下凸起，以缓冲向敌人砍杀时带来的冲击感。但是，这种形式的铜斧并没有在二里冈文化中得到延续。

长方形的扁平铜钺，刀刃部分稍微变宽，长度为 14 厘米，在柄部附近带一大圆孔，孔两侧装饰带状的斜格子纹。柄部在安装柄上的部分有破损的痕迹。

根据对铜钺的成分分析，铜的占比为 93.3%，锡为 5.7%。锡含量越多，合金的硬度就越高，刀刃就越锋利，所以商代的利器中锡约占

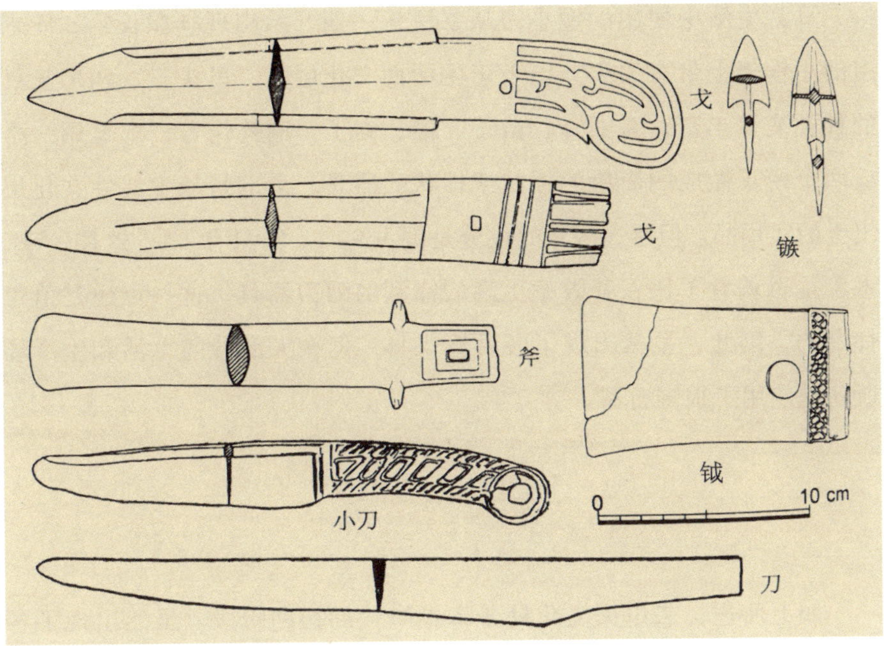

图 34　青铜武器（二里头三期）

15%，在《周礼·考工记》中武器的合金比是铜五锡二。二里头文化的铸造技术尚处于不成熟阶段，大约在二里头二期青铜器中铜的占比为 94% 以上的纯铜较多，随后出现了铜、锡合金，二里头四期将铜、锡、铅的合金中锡和铅的占比提高为 5% 以上。有意识地调整合金的比例，拥有提高刀剑锋利度的技术水平，是到了二里冈文化以后的事情。

作为切割武器的铜刀，在Ⅶ区 57 号墓中，是与玉刀一起从死者的腰间出土的，长 34 厘米，除去安装木柄部分的刀刃大约有 25 厘米。可能是作为怀刀使用，用来抵挡敌人的刺杀。另外，从二里头三期的Ⅲ区 2 号墓出土的铜小刀，在手柄部的图案是透雕纹饰，在柄端头部装饰着环。这种独特形式的武器，应该是从北方草原地带的异民族传来的。

日常生活中使用的铜小刀从二里头一期开始出现。在长约5厘米多的小铜板上带有刀刃，出土于生活性文化层。二里头三、四期工具的种类变得丰富，有铜斧、凿子、锥、锯子、铜钓钩等，都是用一个或两个模子做成的简单的板状或棒状的器具，全部是从生活性文化层出土的实用品。但是，铜斧的成分是铜占98%，锡只有1%，这样一来，木工是否就有了比石斧效率更高的锋利的刀刃器具，这一点还是值得怀疑的。因此，虽然出现了各种铜工具，但在大部分的生活和生产场所还是使用了很多石器。

中国的青铜器文化

如上所述，二里头文化处于青铜时代的初期阶段。虽然出现了各种铜制工具，但由于是较容易做成的板状或棒状，还没有掌握根据用途调整铜和锡的合金比例的技术。石器在日常生活和生产中仍被广泛使用。但是，二里头二期出现了嵌绿松石铜牌饰和铜铃等用于装饰掌权者服饰的装饰品。二里头三期出现了用于饮酒礼仪的铜爵、仪仗用的铜武器等与王朝礼仪相关的各种铜器。特别是要制作出形状特别复杂的铜爵，除内模以外，还必须将三个以上的外模巧妙地组合在一起进行铸造，和铜工具的制作技术水平完全不同。只有克服了这些困难，才可能有创作铜爵的能力，而拥有这个能力的只能是那个时期意在强势推进宫廷礼仪的已经完备的王权。最初只能制作小型的铜爵，到了二里头四期，器高超过20厘米的盉、斝、鼎也可以铸造了。铜礼器在宫廷礼仪中的地位逐渐提高。

总之，如果着眼于是否建立中国古代王权为特征的宫廷礼仪，应该把铜爵出现的二里头三期当作一个具有划时代意义的时期。与此同时，仪仗用的铜武器也出现了。这些都与具有朝廷功能的宫殿和礼仪用玉器的出现有着三位一体的关系。

五、社会的复杂化

墓葬的阶层性

在古代中国，最能体现贵族身份的是玉器、铜器等礼器，包括饮酒用的陶器在内，在二里头遗址的宫殿区周围有随葬礼器的贵族墓，特别是在东北部分布较多，出土了多个玉器的墓葬如表 4 所示，出土铜器的墓葬如表 5 所示。

二里头遗址的墓葬是在一个长方形的坑内，被葬者面朝北或朝南。墓坑的长度比人的身高稍长，最大的Ⅲ区 2 号墓也不过仅 2.9 米。墓坑的最大宽度是 1.8 米，大部分是不足 1 米的狭窄墓坑。还没有发现可以认定为王墓的大型墓葬。相对较大的墓葬底部铺着朱砂，有的使用木棺。朱砂墓出现在二里头二期，到二里头四期时有所减少。虽然有木棺周围稍高一些的墓葬，但并不像山东大汶口文化和后来的二里冈文化那样的二层台，也没有发现木椁墓。这样的墓葬结构，应该是继承了当地河南龙山文化的习俗。

墓葬的阶层性一般表现在出土的殉葬品上。大致可以分成四类。第一类是有铜爵随葬的墓葬，如表 5 所示，附有各种铜器和玉礼器，有铺着朱砂的木棺墓，墓坑也比较大。第二类是用陶质酒器随葬的墓葬，除了带有食器和储藏用的陶器，还有柄形玉器和绿松石装饰品的随葬，虽然含有少量铺着朱砂的墓和木棺墓，但是墓穴的宽度不足 1 米。

第三类是有酒器以外的陶器随葬的墓葬，虽然有少数是铺着朱砂的墓，但是墓穴很小。不过，根据有无酒器区分的第二类和第三类也许反映了男女的性别差。第四类是没有陪葬品的墓葬，少数死者的手和脚骨上有朱红色，墓底有一些木板或者草席子的痕迹。埋葬孩童的墓葬一般是与其体格相对应的小型墓穴。

拥有铜爵的第一类墓葬只在王都的二里头遗址有发现，但是第二类及以下的墓葬在其他遗址中也有发现。荥阳市西史村1号墓，除了盉和爵外，还随葬有柄形玉器和海贝。洛阳市东马沟遗址中发掘了一座墓，在其南部的伊川县南寨遗址中发掘了25座墓，其中大部分为第二类。尤其是从南寨出土的白陶盉和鬶，比二里头遗址的出土品还要精美。墓穴虽小，但也发现了铺着朱砂的墓和木棺墓。另外，在洛阳市偃师区东边的巩义市稍柴遗址中，也出土了随葬有爵、觚、鬶、三足盘、豆的第二类墓。由此看来，第二类墓的死者是各个聚落的当权者，应该经常参加王都的饮酒礼仪。

表4　二里头遗址墓葬中出土的玉器

墓	时期	璋	斧	壁钺	刀	戈	柄形器	其他	铜器
Ⅵ区 M3	三期		○	○		○	○		戈、斧、圆形铜器
Ⅲ区 M1	三期		○		○	○	◇	器台	
Ⅴ区 M3	三期	◇	○					垂饰	
Ⅶ区 M7	四期	○	○		○		○		爵
Ⅵ区 M57	四期		○		○	○	◇	饰	爵、铃、牌饰
Ⅵ区 M11	四期		○	○	○		◇	管	爵、铃、牌饰

○一件出土、◇ 2件以上出土

表 5　二里头遗址墓葬中出土的铜器

墓	时期	面积（平方米）	爵	斝	铃	牌	武器	朱	玉器
Ⅴ区 M4	二期	2.9			○	○		○	管、柄形器
Ⅴ区 M22	二期	1.2			○			○	—
Ⅹ区 M4	二期	?			○			○	管、斧、绿松石
Ⅲ区 M6	三期	3.2	○					○	璋
Ⅲ区 M2	三期	3.1	◇				小刀 2	○	斧
Ⅵ区 M3	三期	2.9	○			○	戈 1、戚 1	○	斧、璧钺、戈、柄形器
Ⅵ区 M57	四期	2.1	○			○	刀 1	○	斧、刀、戈、柄形器
Ⅵ区 M9	四期	2.0	○	○				—	柄形器
Ⅵ区 M11	四期	1.9	○		○	○		—	斧、璧钺、刀、柄形器
Ⅵ区 M6	四期	1.2	○					○	柄形器、绿松石
Ⅶ区 M7	四期	?	○					?	璋、斧、刀、柄形器

○一件、◇ 2 件出土

随葬的饮酒用铜器和陶器底部都有煤烟附着，食器及储藏用的陶器和生活文化层出土的同类器在形状和大小上相同。这说明这些随葬品是死者生前生活中使用过的东西，并不是为了殉葬而特别制作的明器。

在山西龙山文化的陶寺 3015 号墓中殉葬了 110 件石镞和玉石钺，二里冈文化时期的郑州市顺河东街 6 号墓中除了铜戈，还殉葬了 40 件骨镞和贝镞。由于都是把实用的箭头放入了箭筒随葬的，充分显示了死者的战士身份。然而，在二里头文化的墓葬中，像现在看到的那样，大部分都是用礼器和日用陶器殉葬，很少用生产用具和实用武器殉葬。从墓地的随葬品和聚落规模之间显示出来的差距来看，可以看出社会阶层的差异已经变得较为明显，但是这个时代也许还是一个没有出现阶级对立和征服战争的和平时代。

战争的证据

虽然看起来王朝的体制在二里头三期就已经得到巩固，但仅仅使用祭祀和礼仪是无法期待其稳固和安定的。龙山时代各地出现的城郭聚落，在公元前3千纪末几乎都消失了，但战乱的余韵仍延续到二里头文化时期。根据传说，即使是和平建立夏王朝的禹，也要讨伐长江中游的三苗，相传继承了禹的启消灭了有扈氏，扩大了势力，另一方面，继承了启的太康被后羿进攻后，被赶出了王都。不管这些传说的真伪如何，在二里头遗址中建都的夏王朝，确实是最终被营建了偃师城的商人用武力消灭的，为了对抗外敌维持王权，一定要拥有相应的军事力量。

在二里头遗址的东边发现了一个宽10米的大壕沟，据说是整个王都防御体系的一部分。山西省夏县东下冯遗址也是用双重环壕围起来的，在二里头文化中，比起筑城墙，环绕护城的环壕似乎更为普遍。为了备战，有必要用护城河加强防御。

二里头三期出现了各种铜武器，特别是像铜戈和铜刀那样的新型武器，但是数量还很少，二里头文化的武器主力仍然是箭镞和钺。贵族乘坐战车用铜武器作战是从商晚期开始的，在此之前使用步兵集团作战更为普遍。这种战争首先从远处开始集体射箭，给予敌人一定程度的伤害后再进入近距离作战，钺是给敌人最后一击的武器。在这样的集体战斗中，在装备和战斗方式上身份的差距并不显著。

弓箭原本是狩猎用的工具，箭的前端安装的箭头是用石头和骨头做成的。龙山时代集团间的战斗变得激烈，箭镞的数量飞跃性地增加，为了增加杀伤力，箭镞也向大而重的方向发展，即从轻且可以飞得较远、带有扩大切口效果的扁平的狩猎用箭镞，向重一些且有深刺效果的棒状箭镞变化。从二里头遗址出土的箭镞中，有铜、玉、石、骨、贝等不同材质（图 35）。这些全部出土于生活文化层，但实际都是装在箭上作为武器使用的。

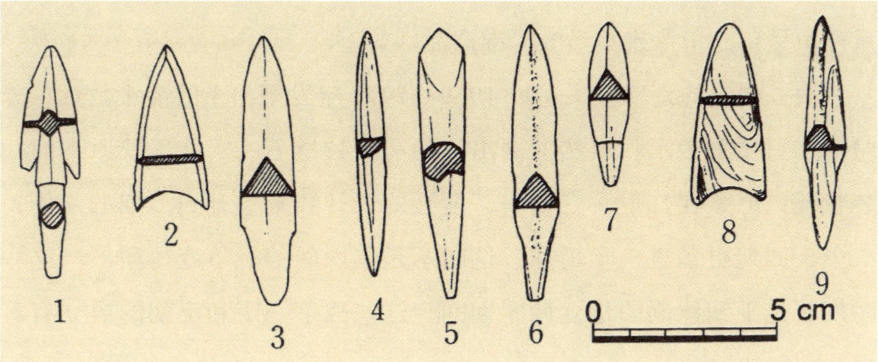

图 35　二里头遗址的镞（1 铜；2—3 石；4—7 骨；8—9 贝）

表 6　二里头遗址出土的镞

分期	铜	石	骨	贝	合计
一期	0	1	6	6	13
二期	0	1	21	13	35
三期	7	12	158	32	209
四期	8	16	204	21	249

表 7　东下冯遗址出土的镞

分期	铜	石	骨	贝	合计
一期	0	1	0	0	1
二期	0	1	5	1	7
三期	0	21	81	3	105
四期	4	9	88	7	108

铜箭头出现在二里头三期，具有较宽的三角形锐利刀刃。石、骨、贝箭镞继承了河南龙山文化的形式，形式有无茎的扁平三角形和有茎的棒状两种。由柄夹着使用的无茎式箭头，一般认为主要用于狩猎，在出土镞的总数量中仅占不到一成。与此相对的有茎式箭头，较长且有厚度的战争用武器数量较多，特别是在二里头三、四期，制作了大量截面呈正三角形或圆形的标准产品。

表 6 列出的是二里头遗址 1959—1978 年发掘出土的箭头数量，分时期和材质来表示。虽然发掘出土的箭头数量不一定能反映原本的武装状况，但是在二里头三期中，箭镞的合计数量上升到二期的六倍，二里头四期更是进一步增加，这暗示是集团间的战争变得激烈。这一时期正是王朝体制的建立调整期间，这些战争一定和王朝的成立有着极为密切的关系。

作为参考，表 7 显示了山西省东下冯遗迹出土的箭头的材质、时期、数量。和二里头遗迹一样，这里也是在第三期时，箭头的数量激增到二期的十倍以上，并持续到第四期。箭头的形状和二里头遗址基本相同，以骨箭头为中心，加上铜、石、贝箭头这种组合，也是与二里头遗址出土的箭头组合相似的。正好东下冯第三期也是挖掘围绕聚落的双重方环壕，因此在黄河中游地区，在广大范围内局势紧张这一点是肯定的。虽然不知道是哪个集团和哪个集团的战斗，但商灭夏正是在这种战乱不断的社会形势下进行的。

人民的苦痛

与武器的增加相对应，二里头三、四期因暴力杀害的尸骨也增加了很多。二里头遗址的墓葬一般都是长方形土坑竖穴，尸体通常为头

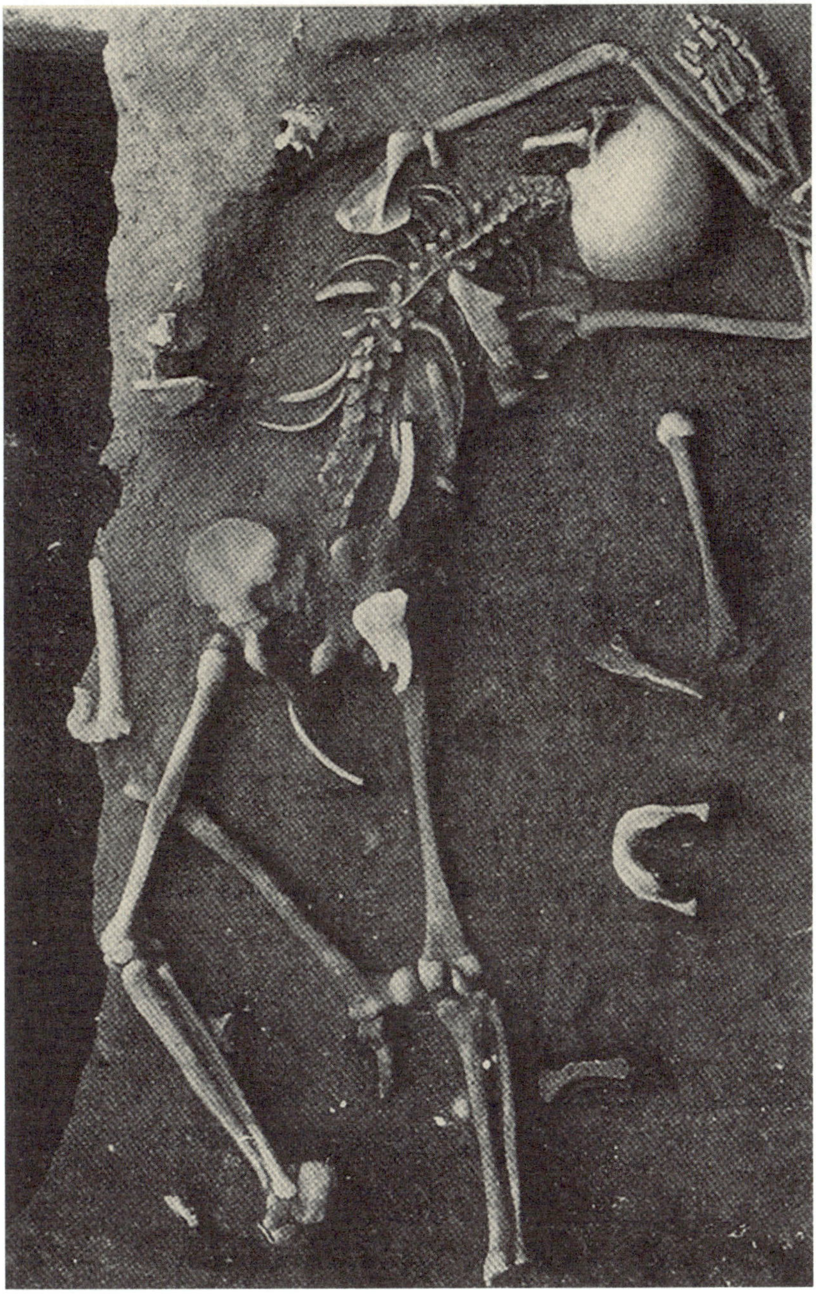

图 36　俯身葬（二里头四期）

向北或向南的仰身直肢葬，但是没有墓穴，或是以极不自然的姿态被掩埋的，如俯身葬（图 36）。头或下半身的骨头残缺的尸骨，恐怕是被杀掉的与夏王朝敌对的人员。没有墓穴的成人埋葬，二里头二期有 2 座，三期有 18 座，四期有 16 座，显然在二里头三期激增。另外，二里头四期的 V 区 5 号墓是一般贵族墓地内存在的有墓穴的墓葬，因为在死者的胸骨上发现有用铜箭头刺中的痕迹，也许埋葬的是不幸战死的二里头的住民。这也暗示着铜箭头除了仪仗，确实还在实战中被使用。

在东下冯遗址，也是到了第四期，频繁地在废弃的住宅内发现随意扔掉的尸骨。其中大部分是成年男性，但也包括少数女性和儿童的遗体，说明被作为牺牲的并不是只有男性士兵。除了这样的尸骨，还出现了用于占卜的卜骨、猪的下颌骨、牛的头和脚、羊的骨骼等，可能是把俘虏作为牺牲用在某些祭祀的仪式中。

笼罩于龙山时代的战乱结束后，人们度过了一段平静的时光。但是，到了二里头三期，残酷的生活又给人们带来了沉重的负担。一个是伴随着王朝都城的建设而产生的劳动负担。在大规模的宫殿建设中，不仅有大量的工人被用于挖土、夯筑、掘壕沟，而且铜器、玉器等礼器的制作也需要大量的工人。还有就是频繁发生的一场又一场的战争。王朝的诞生给人们带来了双重痛苦。那么当时的人们是如何生活的呢？接下来让我们关注一下支撑王朝的二里头文化时期的人们的生活。

第五章 二里头文化时期的生活

一、环境和民生

自然环境

黄河中游地区是由黄土高原和平原组成的，从如今的这种广漠的山水中无法想象在二里头文化的时候这片大地是怎样的绿意盎然。从遗址中检测出的花粉和动植物的遗存来看，当时山上有郁郁葱葱的森林，平地上到处都有湿地。现在的中国，通过自然科学分析复原古环境的研究正在盛行，我们就来看看这一研究的最前沿成果吧。

公元前 4000 年的仰韶文化时期，气温比现今的气温大约高四度，降水量也相当多。日本列岛正是海水进入内陆的绳文海进时期。由于全球变暖，冰河融化，海平面上升。从陕西省临潼县姜寨遗址出土的动物骨中，含有生活在中国南部亚热带森林中的麝、獐、猕猴及生活在竹林中的竹鼠骨骸。位于华北平原的河南省郑州市大河村遗址除了老虎和竹鼠的骨骸，还残留有水边生长的荷花和芦苇。

但是，在中国北方，从公元前 3000 年左右开始气温逐渐下降，降水量也开始减少。根据花粉分析，从公元前 2 千纪前半期的二里头遗址环境的变化来看，到二里头一期为止有白桦、柞树、松树、桑树等高木，宽叶香蒲、眼子菜（又名异匙叶藻）等水生植物，除在湿地生长的禾本科和柊属以外，还有旱地的艾草和槐树科的花粉，由此可以想见当时这是一个在温暖湿润的气候环境下的森林和湿地。但是，从二里头二期开始，这里逐渐变成一个水生植物和湿地植物开始减少、草原变得广阔的环境。调查者引用《国语·周语上》的“昔伊、洛竭而夏亡”的说法，推测从二里头二期开始当地转为凉爽干燥的气候。

然而，根据位于二里头遗址西20公里处的洛阳市皂角树遗址的植物硅石分析，二里头文化早期的降水量和今天大致相同，气温约低一度，二里头文化晚期降水量比今天多20毫米左右，气温也高了一到二度左右。当时，在这里水稻也和粟、黍一起得到栽培，证明二里头文化时期是高温多湿的气候。另外，在以稻作为主的河南省南部的驻马店市杨庄遗址，根据对花粉的分析可知，虽然在石家河文化阶段气候是温暖湿润的，但在龙山文化晚期转变为干燥凉爽的气候，在二里头二期又回到了温暖湿润的气候。

虽然每个遗迹的分析结果有些不一致，但可以确认的是从龙山文化到二里头文化，气候在一点点变化的同时，逐渐下降到了现在气温和降水量的水平。对花粉分析的结果显示，导致二里头遗址的环境从森林向草原变化的主要原因应该是，伴随着王都的建设和人口的增加，人为造成的环境破坏，以及由于环壕的挖掘而导致的干燥化，因为气候发生变化是有一定原因的。就像远离都城的洛阳市皂角树遗址那样，栖息在森林中的鹿占哺乳类动物总数的25%，因为周围还有森林，狩猎活动也很活跃。

真的有过大洪水吗？

提到环境问题，不得不说说备受关注的洪水传说。大禹的大规模治水事业，是通过分流黄河而防止河水泛滥的，虽然从当时的土木技术水平来看完全是虚构的，但是很多人认为在夏王朝出现的阶段，经常有洪水发生。

曾任中国历史博物馆馆长的俞伟超（1933—2003）根据玉器和陶器工艺高度发达的山东龙山文化和良渚文化时期的急速衰退，得出了如下的推论。一方面，由于黄河和长江下游地区发生了大洪水，海水浸入了三角洲地区，所以人们到外地避难。留下来的人们也遭受了无法恢复原来文明的重大打击。另一方面，中原几乎没有遭受洪水灾害，河南龙山文化继续向二里头文化发展并形成了夏王朝。除了俞先生的上述学说，还有的学者认为，在公元前 3 千纪，黄河的水流并不像现在这样是通过山东北部注入渤海的，而是在河南东部的开封附近先流入淮河，再注入黄海，还有的学者认为，在黄河泛滥中被掩埋的公元前 3 千纪的遗址应该是真实存在的。

但是，继山东龙山文化之后又有岳石文化，继良渚文化之后还有马桥文化。虽说文化上发生了巨大的变化，但并不是每个地区人们的生活都中断了。从良渚文化到马桥文化的遗址多位于长江三角洲的低地，例如在上海市马桥遗址中，显示良渚文化时期至少有两次洪水，但是每次在同一个地方人们的生活又都重新开始了。而且，在马桥遗址和上海市江海遗址的土壤分析中，由于完全不存在海水性生物，所以得出的结论是没有海水浸入。

美国考古学家张光直（1931—2001）曾与中国社会科学院考古研究所一起对河南东部地区进行过综合考古调查，发现从新石器时代到汉代的地层非常稳定，但是从公元前后开始，洪水堆积的现象开始出现，12 世纪以后沉积的速度越来越快。从战国到汉代，黄河流域各地大规模开垦耕地，宫殿、墓地的营造，铁、铜、陶瓷的生产等造成森林破坏，森林的保水能力明显受损。秦始皇陵墓所用的木材，据说已经很难在附近得到，得从遥远的四川和湖北运来。史书中多次记载，这些给人类带来痛苦的洪水，大部分都是战国时代以后的人祸所造成的。

然而，在只有石头和木制工具的龙山时代，人为的环境破坏还限于局部范围。而且，随着气温的下降，降雨量减少，干燥化也在加剧。在这样的情况下，竟然频繁发生洪水，真是难以想象。在良渚文化时期，即使有洪水，人们也在洪水退却后立刻回到同一低洼地的村落。在中原，河南龙山文化向二里头文化稳定发展。洪水并不像以后的时代那样给人们带来严重打击。因此在思考夏王朝的成立问题时，暂且不考虑洪水的问题也应该是可以的。

以旱作为主的农业

在中国，真正的农业是从公元前 6 千纪开始的。在高温多雨的中国南方，主要进行水稻水田种植，在干燥的中国北方，则主要进行以粟类和黍类为主的杂粮旱田耕作。以秦岭山脉和淮河为界线，将农业地区分成南北两部分的情况和现在一样没有变化。

粟富含蛋白质和脂肪，易于消化，在如今的日本，粟主要用来做点心，或作为小鸟的食物，但是在中国北方，即使是现在粟也经常是作为孕妇的食物和早饭的主食。黍的营养价值也很高，在古代中国多作为酒的原料，在日本，用黍粉做成的“点心团子”也很有名。

在日本关东北部以每 100 平方米粮食的收成来计算的话，与稻子约 50 公斤相比，粟仅有一半为 25 公斤，黍 40 公斤，所以杂粮的产量比稻子低很多。而且，水田里种稻子的话，就像在日本经常看到的那样，每年都可以在同一个水田里连茬播种，但是旱地作物容易引起连作障碍，所以有必要像刀耕火种那样换地耕作，或是通过施肥来维持地力，或是将空气中的氮气作为养分的豆科作物组合起来进行高效的轮作。因此，黄河流域在公元前 3 千纪从南方引进水稻，从西方引进了麦子，通过栽培各种各样的谷物来维持产量，并采取各种措施以防止因天气不正常等带来的粮食危机。

在二里头文化的洛阳市皂角树遗址中，通过对发掘的土壤进行水洗浮选，对甄别出来的谷物粒进行分析。在 104 件土壤样品中，发现了其中含有 42 个粟的样品和 26 个黍的样品，粟的样品比黍多出 16 个。在杂谷类的栽培中，粟是最主要的作物，其次是黍。该分析尤其引人注目的是，从 21 个样品中发现了大豆，从 16 个样品中发现了小麦，从 6 个样品中发现了稻子，从 1 个样品中发现了大麦。这里发现的小麦和大豆是目前已知中国最早的栽培种例子，小麦比现代的栽培种略小，大豆的大小则处于野生种和现代的栽培种之间。大豆在公元前 6 千纪的河南省舞阳县贾湖遗址中发现了野生品种，大概花了数千年的时间进行了人工栽培。大豆等豆科作物，对于提高轮作的生产性是最有效的，所以在公元前 2 千纪中占据了仅次于黍的第三位。稻粒呈圆形的水稻被称为 Japonica（粳稻），但不知道是水稻还是旱稻。不过之后五谷丰登的各种作物一定是在同一个田地里轮作栽培的。除此之外，果实类中有 7 个酸枣、3 个野葡萄、枣和桃子各 1 个，蔬菜类中有两个紫苏，还有绿藻等杂草的种子。

根据人骨中蛋白质的碳和氮的同位素比分析，可以了解人类生前摄取的食物。其中，通过碳十三分析，可以区分坚果类、水稻、荞麦等碳三植物和黍、木瓜、辣椒、高粱等碳四植物。通过对中国各地出土人骨的分析，结果显示，在长江流域的稻作地带碳三植物摄取量较多，而黄河流域的杂粮地带则是碳四植物的摄取量较多。但是，商晚期河南省安阳市殷墟遗址中碳四植物平均为 93.3%，而二里头文化的河南省伊川县南寨遗址平均为80.1%。南寨遗址位于洛阳的南部，造成南寨与殷墟的这一数值差异，很有可能是因为南寨遗址和皂角树遗址一样吃碳三植物的稻子更多的缘故。

在二里头遗迹中出土了收获谷物的石刀、石镰、贝镰，耕土的贝制锄头。虽然没有使用铜制农具，但是可以看出王都有不少从事农业的农民居住。

畜牧和狩猎

旧石器时代的人类以捕猎野生动物作为主要食物。旧石器时代末期，开始养狗并将其作为狩猎的帮手，在农耕开始的公元前6千纪左右，开始捕获野生的野猪和鸡来人工饲养。野猪家畜化后成为家猪。因为杂食性的狗和猪只要将人的剩饭和米糠作为饲料就可以了，在村落里可以简单地饲养。尤其是猪，一年生两次，一次生近十头，一年就能长大，如果只以肉食为目的养家畜的话，猪是生产性最高的家畜。在中国农村，作为农业的副业，很多家都饲养一两头母猪，每逢正月或是特别的节日，就把长成的猪杀了，分发给亲戚们。剩余不需要的小猪卖到市场上就行了。中文里说“肉”的话，一般指的是猪肉，这是因为猪的饲养非常普遍，猪肉是中华料理的代表食材。顺便提一下，在日本，“肉”这个词在关东是指猪肉，在关西则指的是牛肉，这充分反映了各地的消费习惯和饮食文化的差异。

根据对山西龙山文化陶寺遗址出土的猪骨碳稳定同位素法的测定，发现其多摄取碳四植物，显示猪和人一样主要吃粟和黍。因为如果饲养杂食性的猪，就必须消费养活人的粮食来做猪的饲料，所以不能随便增加猪的数量。因此，在谷物剩余较少的新石器时代，狩猎和捕鱼也依然盛行。因为只要有简单的工具和充裕的时间，狩猎野生动物就更为经济。虽说开始了农耕和畜牧业，但人们并不是立刻放弃了狩猎、采集。仰韶文化时期，栖息在森林里的老虎和熊等猛兽也是狩猎对象，后来便逐渐集中狩猎以梅花鹿为主的鹿类。从公元前 3 千纪的遗址出土的动物骨来看，黄河流域和长江流域，最多的是家畜的猪，其次是野生的鹿类。龙山文化时期在饲养家畜的同时，很大程度上仍依赖于狩猎。

到公元前 3 千纪，牛羊也开始家畜化。羊是从西部的黄土高原传播而来的，牛在黄土高原和华北平原两地同时开始饲养。牛和羊的优点是其因草食性而不与人们争抢粮食，但缺点是一般一年仅一次单胎繁殖，如果屠宰后做成肉的话，其生产率比猪低得多。因此在农业发达的地区，人们专门饲养猪，而在不适合农耕的地方饲养牛和羊。

二里头文化的肉食

从洛阳市皂角树遗址出土的脊椎动物骨头，按数量多少的顺序依次是猪、狗、梅花鹿、小型鹿、牛、鲤鱼、甲鱼、鸡、鼠、兔、獾，没有羊骨出土的报道。仅从哺乳类的比率来看，猪最多，占 33%，其次是鹿类 25%、狗 17%、牛 13%。猪的屠宰年龄大部分是到 2 岁为止，显示着家畜猪的特征。狗也有可能被食用。鹿类是在附近森林里狩猎的。兔子、熊、鲤鱼、甲鱼等骨骼显示，即使到了二里头文化时期，人们也还是非常依赖狩猎和捕鱼。这样的生业方式从龙山文化时期开始就没有很大的变化。

二里头遗址出土动物遗骨尚无鉴定结果，但除狩猎用的箭头、渔猎用的鱼叉和钓钩之外，还出土了挂在渔网上的陶质网锤。由此可知王都的居民有时也会进行狩猎和捕鱼。

二里头遗址宫殿区的厨房遗迹出土了大量烧焦的兽骨，暗示着这里曾进行过盛大宴会烤肉料理的制作。人类从北京猿人的时候便开始使用火，并开始烤肉食用。不久陶器被发明，肉也可以煮着吃，但是二里头文化仍然盛行烤肉。郑州市以西荥阳市竖河遗址中出土的动物骨骼有一半是猪骨，烧焦的骨头里有很多猪和鹿，在龙山文化中，猪和鹿占动物骨全体的三分之一，而在二里头文化中占了五分之一。一般烤肉料理很少会把骨头烧焦，所以实际烤肉的比例应该更高。所以结果显示无论是王都还是农村，人们都是煮肉或烤肉来吃的。

然而到了二里冈文化时期，烧焦的兽骨出土量却急速减少。商周时代，煮肉的礼器铜鼎发达，除将动物等牺牲放在柴堆上焚烧祭天的燎祭之外，祭祀和吃饭用的基本上都是生肉、干肉、铜鼎煮的肉，而几乎不食用烤肉。随后汉代的画像石上也有烤肉串的描写，但是这是受西域的影响，传统的中华料理中没有直接用火烤肉的习惯。在中国的肉食文化中，从二里头文化向二里冈文化的转变是非常显著的。

向以牛肉为主的肉食变化

二里冈文化的另一个巨大变化是城市与乡村、贵族与平民的差距扩大了。曾为王都的郑州市二里冈遗址共出土了1351件动物骨，其中牛占57%、猪占7%、羊占9%、鹿占6%，牛的比例非常高。其次在商晚期的河南省安阳市殷墟苗圃北地遗址中出土了1500多个动物骨骼，其占比大概为牛65%、猪15%、羊9%、鹿5%，和二里冈遗址非常近似。野生鹿类很少，反映着城市周围森林减少。与高生产率的猪相比，低生产率的牛占了一半，这是为什么呢？

据古籍文献记载，用于祭祀的牺牲，规定王、诸侯用牛、羊、猪三种，卿大夫用羊和猪两种，士的身份只有猪，庶民用鱼。与王、诸侯、卿大夫、士等身份秩序相对应，牺牲的价值依牛、羊、猪的顺序而定。尽管不一定严格遵守这样的规定，但是以牛为优势的家畜价值观，是根据与饲养负担的大小成正比、与产量的多少成反比而形成的。但是，和适合按小户经营的杂食性猪不同，草食性的牛和羊有适合群体饲养的特性，所以如果经营广阔的牧草地的资本充足的话，就有可能形成专业的牧畜业。《诗经·无羊》讴歌周王室经营的牧场上有 90 头牛和 300 只羊。在二里冈文化的王都郑州城遗址，以牛为优势的大量肉类消费，表示当时已经有了大型牛羊牧场，这些牧场由正在完整国家体制的商王朝开始经营，之后被周王室继承，在王都毫不吝惜地消费这些牧场饲养的牛羊。作为农业的副业，以猪为主的自给自足的畜牧业在发展的同时，以牛为优势的王权则是在二里冈文化时期形成的。

占卜之骨

在动物和王权的关系中另一个最重要的元素是卜骨。从动物肩胛骨局部强烈燃烧时产生的裂缝中占卜吉凶这种风俗开始于公元前 3000 年左右，商代最为盛行。商王用甲骨进行了占卜，把占卜内容用文字刻在甲骨上。如上所述，也正是因为这些甲骨文字确认了商的实际存在。“卜”的字形仿照那个裂缝，日语“ボク（Boku）”的读法来源于破碎时的声音。用于占卜的骨头主要使用肩胛骨。肩胛骨有薄而宽的平坦面，容易产生裂缝，最适合用作占卜的材料。然而一只动物只有两个肩膀，如果不杀死那个动物就无法得到，所以这是一种代价很大的贵重物品。这些肩胛骨是作为传达神意的媒介而被人们特别选择的，

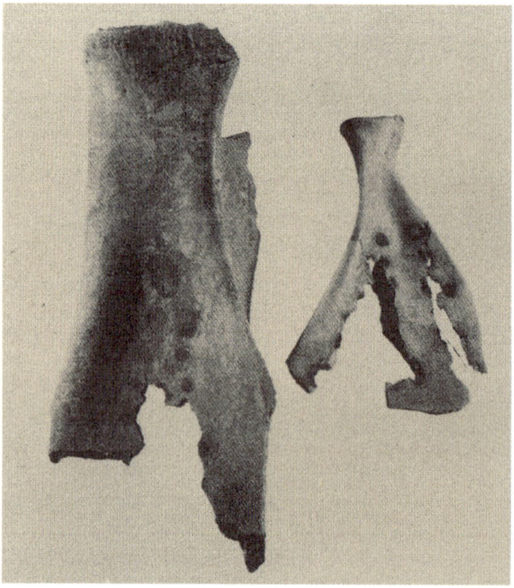

图 37　二里头遗址出土的卜骨
（左：牛骨；右：羊骨）

主要来源于献给神的牺牲。殷商用牛的肩胛骨和龟甲，据古典文献记载，西北的牧民主要用羊，东夷主要用牛和鹿。（图 37）《魏志·倭人传》[①]中记载："其俗举事行来，有所云为，辄灼骨而卜，以占吉凶，先告所卜，……其辞如令龟法，视火坼占兆。"[②]实际上在弥生时代遗址出土的卜骨中，鹿是最多的。

卜骨最初出现在黄河上游的黄土高原。从甘肃省东部出土的公元前 3 千纪的遗物来看，卜骨的总数共 81 个，其中羊的占 70%、猪的占 23%、牛的占 4%，羊的比例很高（图 38）。但在食用后被丢弃的动物骨中，猪的比例最高，而羊则是在家畜化的同时开始用于卜骨的，因此作为占卜材料，羊是被选择性地使用的。羊的饲养和用于卜骨的风俗同时从西方传来，大概从一开始羊就被视为神圣的动物吧。

另一方面，在河南龙山文化中，卜骨的总数只有 23 个，其中牛占 48%、猪占 39%、羊占 13%。在绵羊家畜化较晚的中原，以牛和猪

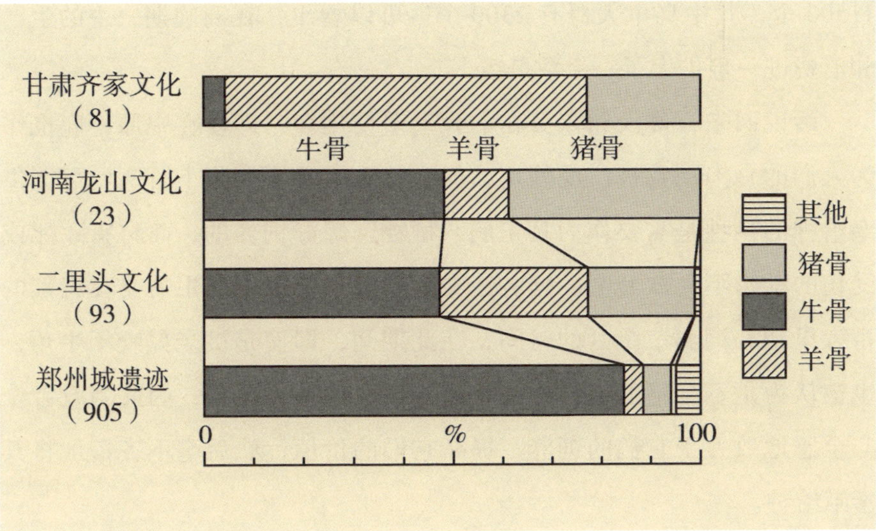

图 38　卜骨材料的变化

的卜骨为中心。到了二里头文化，卜骨的总数增加到了 93 件，其中牛占 47%、羊占 30%、猪占 22%。虽然牛的比例和河南龙山文化几乎没有变化，但是猪减少了，羊却增加了。这是因为羊的饲养自西部向东部传播，河南省西部的黄土台地羊变得多了。但是，在山西省夏县东下冯遗址的二、三期中，卜骨的总数为 47 个，其中猪占 60%、羊占 21%、牛占 19%，猪的占比超过了一半。

在接下来的二里冈文化中，卜骨的增加尤为显著，郑州市二里冈遗址中，仅 1952 年和 1953 年两年间发掘出土的卜骨总数就达到了 787 个。郑州城遗址的总数是 905 个，其中牛占 84%、猪占 6%、羊占 4%，还有乌龟、鹿等。虽然这是包含了碎片的不完全统计，但与二里头文化相比数量激增，一定有许多以牛为主的家畜因占卜而被宰杀了。这表明以牛为优势的王权和能够大量消费牛的牧场经营已经形成的事实。顺便说一下，从殷墟出土的牛卜骨在 1977 年之前的统计中超过了

11500 个，其中乌龟大概有 2300 个。可以看出，在商晚期，牛的生产和消费进一步扩大了一个数量级。

话说回来，倭人和东夷在卜骨上多使用鹿，即使在中原，鹿也作为人们的食肉动物被广泛使用，但为什么几乎不用作卜骨呢？可能供奉给神的牺牲是需要作为真正的“牺牲”好好饲养的，而狩猎致死或受伤的动物不受欢迎吧。据古籍文献记载，祭祀天的牛需要在特别的畜舍里精心饲养三个月的时间，在此期间，即使是被老鼠咬了牛角，也被认为是不合格的牺牲。牛与猪相比繁殖速度要低，因此当政者全心全意地致力于它们的饲养，提高它们的价值，然后毫不吝惜地将其奉献给神。

二、日常生活中使用的陶器

烹饪用的陶器

粟、黍等杂粮和稻米都是需要经过脱壳，精制后做成米粒来煮或蒸着吃的。也就是说，不是像小麦那样先加工成面粉，再做成面包或面条，而是用米粒蒸饭或煮粥来吃。做饭用的炊饭器具就是陶器。在二里头文化中，杂粮和稻子是同时被种植的，也可以用同样的陶器来将其做成饭。也许有时就是混杂在一起烹饪的。

烹饪用的陶器，为了提高其耐火性会在胎土中混入沙子，为了使其容易传递热量，会制作得很薄。而且，因为这类陶器是每天做饭用的，所以比起装盘用的餐具和储藏用的陶器更容易破损。因此，烹饪用的陶器生产量很大，在二里头遗址中，出土陶器的三分之一到二分之一被认为是烹饪用的陶器。

把杂粮和稻子的稻壳脱去，精制后成为白米。用作煮米饭的烹饪类陶器主要有罐、鼎、鬲三种。罐子直接放在地面上，从周围点火，或放在支脚或炉灶上，从下面点火来使用。与此相对，鼎是在罐子的下部粘上棒状或板状的三足，鬲则是空的袋状的三足。鼎和鬲都是从三足下往上加火的形态，而三足变短的陶器则是放在炉灶里使用的。

在二里头文化中使用的主要是罐和鼎。罐继承了河南龙山文化的形式，从平底罐变成了圜底罐（图 39）。如果是圜底的话，底部的厚度变薄，热效率变好，但是在平坦的地方就很难放置，因此被放置于在住宅内的墙壁上制作的炉灶上。在壁炉里放上罐子，从下面点火，比起从罐子侧面加热的方法，热效率更高了。在之前的河南龙山文化中，住宅内的中央有一个火炉，把平底的罐子直接放在上面煮。之所以在居住地中央有一个火炉，是为了方便设置在屋顶上的天窗排烟。但是，当圜底的罐子出现的时候，马蹄形的炉子就建在了住宅的墙壁边，室内设置了焚烧口，室外设置了烟囱。这样设置的优点是没有了居住地中央的炉灶，可使用的室内居住空间就更多了。同时也可以像前章中介绍的二里头遗址Ⅴ区 3 号建筑遗址那样，建造九个炉灶的大规模厨房。也就是说，烹饪用的罐子从平底变成了圜底，这与住宅结构的变化是联动的。这样的圜底罐被后来的二里冈文化所继承，并逐渐小型化，随后又将煮粥的烹饪器具从罐变换为鬲。

二里头文化这种圜底罐一次能煮大量的饭，但具体的有关数据在中国所有的考古报告书中都没有记载。为此，我们在对河南省焦作市府城遗址进行发掘时通过在陶器中放入谷粒的方法试着对其测量了容量。其结果是，二里头文化的罐容量是 5.6—6.0 升，平均 5.8 升，二里冈下层时期的罐容量有 4.0—4.6 升，平均 4.3 升，二里冈上层期的

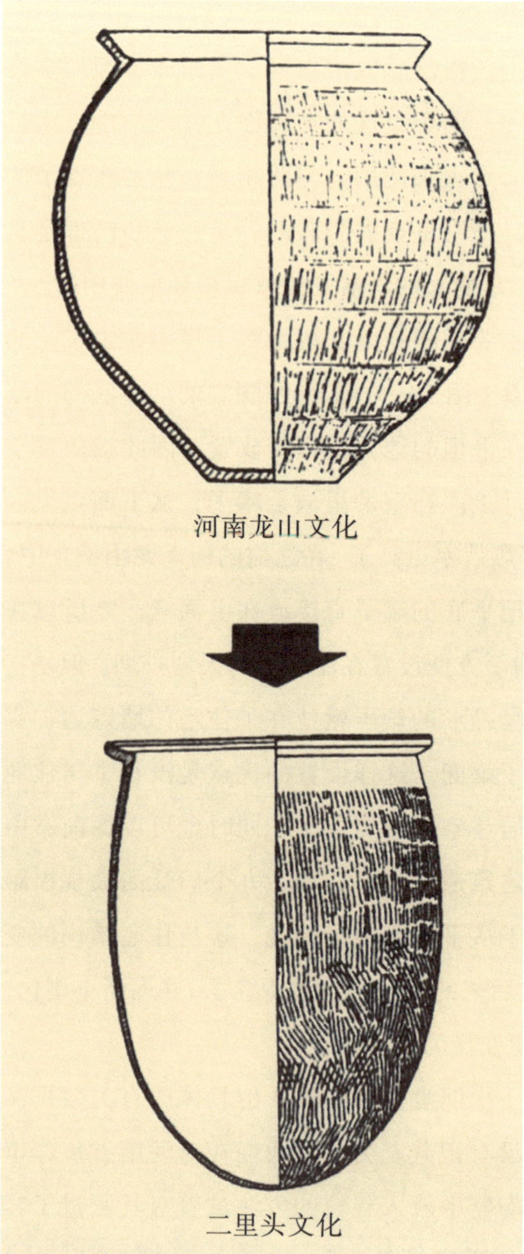

图 39　平底到圜底的变化（上：河南省煤山；下：河南省二里头）

鬲容量是 2.1—2.7 升，平均 2.4 升。顺便说一下，我家的电饭煲是五合炊，容量约 3 升，二里头文化的罐子大概是 1 升炊，二里冈下层时期的罐子是七合炊（约 5.6 升），二里冈上层时期的鬲相当于四合炊（约 2.2 升）。做米饭和煮粥用的米量是不同的，因为不清楚当时人们的饭量，所以难以推算出这些容器可以供几个人食用。但是，从发掘资料中的住宅大小来看，龙山文化时代开始，一户人家不足 5 人，因为一般每户都有一个炉灶，所以每户有一个圜底罐炊饭就足够了。这样一来，从二里头文化到二里冈文化，罐的容量显著地变小，这究竟是因为家庭人数减少了，还是人均消费的粮食量减少了，不得而知。

在日本弥生时代到古坟时代的过渡期，烹饪用的瓮也是从平底变成圜底的，同时容量也在减少。但和中国的例子不同，瓮的容量是1—5升，偏差很大，围绕着这一点虽然学者们的看法存在分歧，但很有意思的是，正好都处在国家形成阶段的中国和日本，在时间上虽然相差了2000年，但是却出现这样类似的现象。从日本战前和战后的比较中可以看出，随着肉类等副食的丰富，主食的消费量也随之减少。伴随着文明化的进步，饮食生活也得到了改善，所以烹饪器具变小了，这样的设想也未必没有道理。

二里头文化的鼎，是在浅的夹砂罐下面装上三角板状的三足，和夹砂罐一样是从河南龙山文化开始的。同时代的其他文化中也有从所在地龙山文化中继承下来的鼎，但是数量不多。烹饪用的主要陶器还是夹砂罐和鬲。

烹饪用陶器的变化

拥有袋状三足的鬲首先在山西龙山文化中出现，随即便扩展到了周边地区。安特生在河南省仰韶遗址发现的鬲被认为是中国特有的陶器这个观点是正确的，但那并不是仰韶文化的产物，而是源自后来的龙山文化。到了二里头时代，鬲在东下冯文化、漳河型文化等黄河以北地区盛行，而在二里头文化中，除从外地传入的少数外来系鬲之外，几乎没有使用过鬲。因此，使用罐、鼎的夏人和使用鬲的其他族裔集团这样的二元对立的分法似乎可以成立。二里冈文化的鬲继承于漳河型文化，随着商灭夏，商王朝的势力扩大，鬲的使用也逐渐扩展到更多地区，成为代表中国的烹饪用陶器。

蒸饭用的陶器是底部带孔的钵形甑，是放在夹砂罐和鬲上使用的。大约在公元前3000年，甑与酒器在中国各地同时流行，因此甑被认为是用于蒸米酒的器具。河南龙山文化的甑大多是底部开了很多小孔。二里头文化的甑继承了河南龙山文化的形式，但是底部仅开3—5个大孔。为了不使米从孔洞里掉下来，应该是在底部铺上了竹或是木制的垫物。甑孔的数量随着时期的变化而减少。

将这种甑和鬲合为一体而形成的蒸笼是一种称作甗的陶器。鬲部和甑部之间的连接处变小，把箅子放在这里使用。和鬲一样，甗也在黄河以北的龙山文化中出现，二里头时代从东下冯文化开始一直盛行到山东的岳石文化。甗在二里冈文化以后的发展也和鬲一样。

除了烹饪器，在厨房使用的器具还有刻槽盆，又称擂钵。和日本现在使用的擂钵一样，钵形陶器的内部有放射状的沟槽，口缘的一部分有小流口。应该是用来研磨红薯类等根茎类植物的器具。这也是从河南龙山文化中继承来的二里头文化的陶器器型。多在黄河以南发现，并直接被二里冈文化继承，不过，由于饮食生活的变化，之后逐渐衰退了。

如上所述，在二里头文化中用于日常烹饪的陶器继承了河南龙山文化的传统，一直沿用着夹砂罐、鼎、甑、擂钵。这种生活器型类的构成发生巨大变化是在二里冈文化之后。在夏灭亡后，商人常用的鬲和甗逐渐被越来越多地使用，相反，夏人常用的夹砂罐和擂钵却渐渐消失了（图40）。

餐具的变化

吃饭时用来盛菜的陶器，有相当于盘子的盆和盘、相当于“高坏”

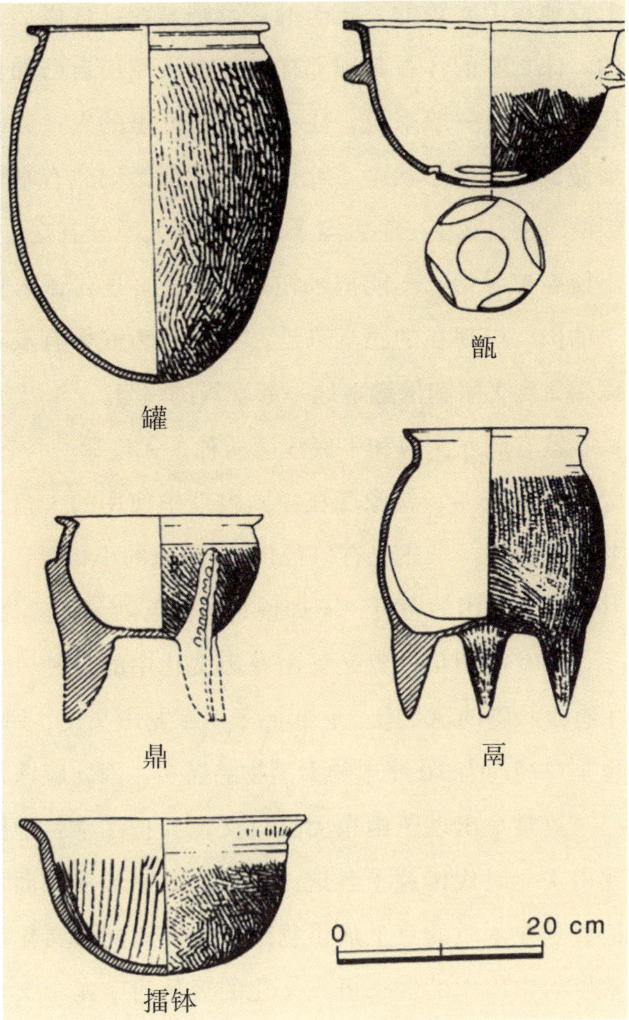

图 40　用于烹饪的陶器（二里头三期）

（Takatuki，一种用于放点心或贡物的高脚圆盘，也叫高杯）的豆。这些盛器均使用泥质陶制作而成，其器表被仔细地研磨光滑。因为是日常生活中使用的陶器，所以和烹饪用的陶器一样，多来源于当地的河南龙山文化。

中国使用餐桌和椅子进食是唐代以后的事。唐代之前都是坐在地上或地板上吃饭的。筷子的普及则是在汉代以后，以前是用手抓着吃的。像日本的怀石料理那样，每个人使用自己的食案和餐具也是从汉代开始的。一般来说，住在一个家庭里的人一起吃饭，餐具也会相应地做成合适的形状。《礼记·曲礼上》记载有吃饭的礼仪，在一起吃饭的时候，盛在一个大盘子里的菜要大家分着吃，用手抓着吃的时候，不能摩擦手指，不能把米粒掉在地上。还告诫人们不能用牙齿撕咬晒干的肉。以现在的感觉来看，这些行为好像有点不太文明，但是也可以想象到大家和乐融融地一起吃饭的情景。

盆有圜底深腹和平底浅腹两种，无论哪一种，口径约为 30 厘米的大型餐具较多，就像现在中国料理中使用的大盘子一样，应该是家人共用的餐具。虽然也有口径仅 10 厘米的小托盘，但出土数量很少，与其说是个人用的餐具，不如说是放置下酒菜和咸菜的公用容器。

拥有高圈足的盘是河南龙山文化中的一种，而二里头文化则使用了有板状脚的三足盘。它起源于山东龙山文化，到二里冈文化时消失。也是口径约为 30 厘米的大型物品居多，因此应该是公用的容器吧。

豆最早出现于山东大汶口文化和长江中游地区的大溪文化中，在龙山文化时代传遍了各地。“豆”的字形从侧面看像高坏，古典文献记载是在木质的豆上放供物献给神，而龙山文化时代的陶器豆是在日常生活中使用的。二里头文化的豆是河南龙山文化的继承形式，直径约 20 厘米的浅盘下面有一个喇叭状的细长柄。因为很少从生活性地层和遗迹中出土，因而应该不是日常使用的个人餐具。到了二里冈文化时期，口径缩小到 15 厘米以下，变换为粗短柄的豆。目前还不知道这种短脚柄的豆起源于哪个地区。

如上所述，在二里冈文化中，平底盆、三足盘、高柄豆全都消失了，仅继承了二里头文化的圜底盆。相反，却新出现了盆底加低矮圈足的

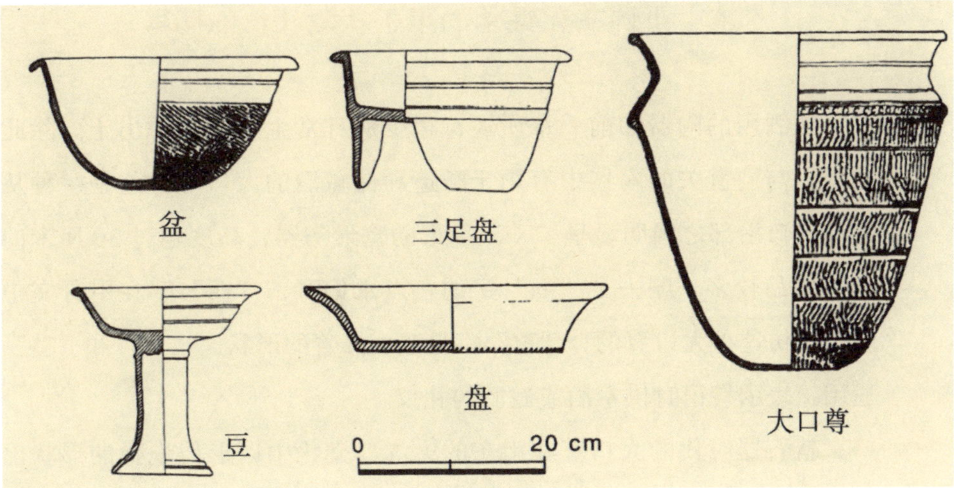

图 41　食器与大口尊（二里头 3 期）

簋和新型的短柄豆。与前述的烹饪用陶器一样，陶器的种类在二里冈文化形成时期发生了很大的变化。

因为没有在居住遗址出土的日用陶器器类占比数据，这里仅对二里头遗址的墓葬随葬陶器组合进行分析。烹饪用的陶器几乎不随葬在墓葬里，但食器常常从墓葬中出土。特别是在祭礼等特别场合使用的豆，在墓葬中出土较多，且大多数场合是与盆一起出土的。除了豆、三足盘组合，以及豆、盆和三足盘组合，还有不含豆的组合，因此没有确定的规则。各陶器种类一般只有一个，多则是两个。这是否就是日常餐具的组合呢，有必要使用居住址出土的更完善的资料进行进一步的探讨（图 41）。

被二里冈文化继承的用于饮酒礼仪的陶器

饮酒用的陶器如前一章所述，很少从日常生活遗迹中出土。除此之外，与酒有关的陶器中有用于酿造和储藏酒的大口尊。这是一种从肩部到口沿部之间明显呈“く”字形的瓮形陶器，高度超过30厘米的大型物品较多。删去了“酒”字的三点水偏旁，“酉”字在甲骨文中就是模仿这种大口尊的，“尊”字是双手捧着的形状。“尊”和“奠”通用，表示祭祀时供奉酒或敬酒的礼仪。

新石器时代的大口尊在山东的大汶口文化中以形似炮弹的形状出现，并扩展到了长江中游的石家河文化中。二里头文化的大口尊作为与之不同的系统在二里头二期突然出现，成为二里头文化的代表器类之一，并被此后的二里冈文化所继承，进而成为更加盛行的器类。特别是从二里头三期到二里冈文化，出土了很多烧制后在口缘内刻有很多简单记号的大口尊，而有刻画记号的陶器几乎都是大口尊。虽然不能赞同将其视为文字起源的说法，但是大口尊被视为制作时或使用时应刻上记号的特别陶器，这一观念的确是从二里头三期传承到二里冈文化时期的。

二里头文化酒器中的盉和鬶，虽然其渊源可以追溯到遥远的山东大汶口文化，但包括盉、鬶，以及爵、觚和大口尊，所有的这些酒器都是二里头文化新创造的器类。与烹饪、饮食等日常生活中使用的陶器继承了当地河南龙山文化不同，因为酒器与祭祀、礼仪紧密相关，在王朝的祭祀礼仪中，新设计了各种酒器作为新的礼器。然而，接下来的二里冈文化，虽然从龙山文化继承下来的传统的烹饪和饮食用的陶器发生了很大的变化，却继承了二里头文化的酒器如大口尊、爵、觚等。用于日常生活的陶器和用于王朝饮酒礼仪的陶器，在龙山文化、二里头文化、二里冈文化的继承中，表现出了完全相反的趋势。

围绕二里头文化是夏王朝还是商王朝的问题，重视日用陶器从二里头文化到二里冈文化发生了变化的学者则认为是夏王朝，着眼于酒器连续性的学者则认为是商王朝——无论哪一种观点，如果不考虑陶器的用途和作用，而只是把陶器的突然变化与政治简单地结合，这种分析思路本身就是有问题的。但是，其真相是，在从河南龙山文化发展起来的二里头文化中，王朝的饮酒礼仪是新创造出来的，是在从二里头文化向二里冈文化过渡时，征服夏王朝的商人当政者为了维持王权的统治，一方面吸收了夏王朝的宫廷礼仪，另一方面日用陶器也只是随着商王朝的统治渗透，逐渐被商人传统陶器所取代。

陶器的生产体制

中国古代的陶器，根据颜色可分为红陶、黑陶、灰陶、白陶。仰韶文化主要用红陶，龙山文化用黑陶，二里头文化以后用灰陶。这些陶器都是在陶窑设施中用1000度左右的高温烧制，而在烧制的最后阶段因不同的降温方法形成了不同的颜色，如果是慢慢降低陶窑的温度，陶器的胎土中包含的铁会氧化变成红色的红陶，如果密封陶窑使氧气不进入的话，铁被还原形成灰陶，而如果用什么方法使碳吸附的话就会变成黑陶。白陶是用氧化铝多铁质少的高岭土制成的。高岭土的铁质含量越少，陶器就会越显得白光耀眼，所以高岭土后来被作为陶瓷的一种重要原料而受到珍视。在洛阳和郑州之间的巩义市有高岭土的产地，二里头文化的白陶也许是用这里的原材料制作的。白陶盛行于山东大汶口文化，在二里头文化中，起源于山东龙山文化的酒器仅限于盉和鬶。

二里头文化的陶器制作方法是先用泥条盘筑方法将黏土盘卷起来，用凸圆的陶垫按住里面，用缠着绳子的陶拍敲打外面做成形状。烹饪用的陶器，一般仅将其放在旋转台上，用手指调整口缘等部分，在腹部用绳纹陶拍拍打成绳纹纹饰而已，但是饮食餐具和酒器为了美观，大多都会在外面打磨光亮。河南龙山文化碗杯等小型陶器底部有线切割的痕迹，一般认为是使用高速旋转快轮进行整形。但是到了二里头文化时期，像这样使用快轮的痕迹少了。与龙山文化精巧的黑陶相比，二里头文化的陶器显得粗糙，在制陶技术上好像退化了。那么，二里头文化时期的陶器生产体制又是如何的呢？

二里头遗址即使是在作为王都最繁荣的第三期，烧制陶器的陶窑规模也很小，而且分布零散，在Ⅳ区有3座，Ⅸ区有2座。从1号宫殿遭到破坏的二里头四期的陶窑结构（图42）来看，其由投入燃料的焚烧口、燃料燃烧的燃烧室、烧陶器的烧成室三部分构成。烧成室位于燃烧室的上方，在烧成室的地板上有一个透火孔，呈锯齿状。烧成室是圆形的，

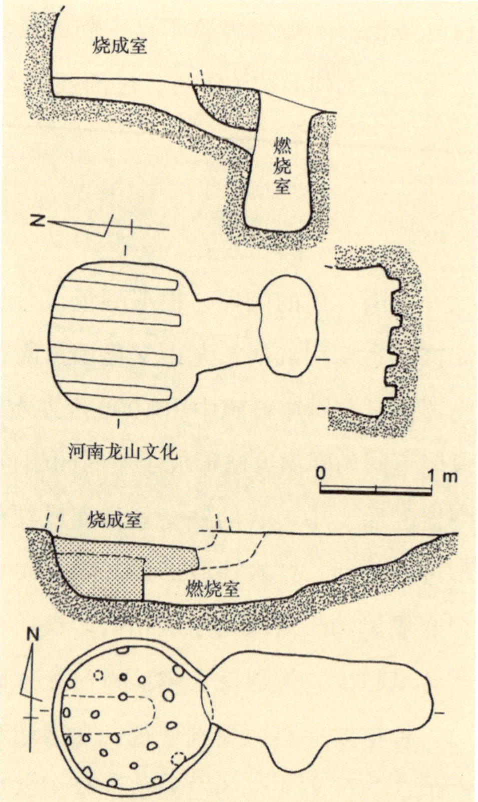

图42　陶窑的变化（上：河南省三里桥；下：河南省二里头）

内径约为 1 米。在圆顶上设置了烟筒，但是在取出烧好的陶器时，估计窑顶就被破坏了。但是，按这个大小，一次烧的陶器数量应该不多。燃烧室深处有外凸的支撑烧成室地板的支柱。

窑室下是燃烧室，其中有锯齿状通火孔的窑是在二里头文化中新出现的，还被此后的二里冈文化所继承。直到龙山时代，窑室位于燃烧室斜上方这一类型的陶窑才开始被使用，在陶窑烧制的热效率这一点上二里头文化的陶窑类型显示了其进步性。但是，陶窑的大小几乎没有变化，也没有证据显示陶窑的技术改良带来了陶器的变化。

让我们来比较一下陶器的生产体制在前后时代的变化吧。河南龙山文化的城郭遗址——河南省周口市淮阳区平粮台遗址城址内到处都有陶窑。在陕西龙山文化的长安区客省庄遗迹中，在居住区内有陶窑。这两处陶窑都是自给自足的小规模生产。另一方面，在二里冈文化的郑州城遗址中，城外的铭功路发掘了大规模的陶器制作作坊遗址。在发掘的 1500 平方米范围内，属于二里冈下层期的陶窑有 5 座，制陶工房 9 个，除此之外还有取土坑或放废弃品的灰坑。属于二里冈上层期的陶窑有 10 座，工房有 6 个，用灰泥固定的工作场所有两个，除此之外，还发现了取土坑或垃圾坑等。虽然陶窑的大小与二里头遗址没有太大差别，但是出土了大量陶器制作所使用的工具、残次品、陶窑的残留墙壁等。特别是从这里出土的陶器基本上都是盆和甑，不包括其他种类，所以这里被认为是拥有全职工人的有组织的专业化陶器生产场所。与二里冈文化相比的话，二里头遗址的陶器生产只是在狭窄的范围内供给的小规模体制，与龙山文化应该没有太大的变化。

中国社会科学院考古研究所的郑光指出，在二里头遗址的每个发掘区，陶器的种类和形式的变异都很大。我在调查河南省焦作市府城遗址的时候，发现二里头文化的陶器大小不一，但是二里冈文化的陶器给人的印象是形状和大小都很统一。为了得到烹饪用陶器容量的确切数字，在确认了其口径大小与容量大小基本关联的基础上，当时在京都大学留学的秦小丽（现复旦大学教授）还对二里头、偃师城、郑州城三个遗址出土的二里头文化到二里冈文化的陶器大小进行了彻底的调查。结果正如预想的那样，与二里头文化相比，二里冈文化的陶器尺寸的偏差较小，存在着一定的规格化倾向。这个结果显示，在二里头文化中，制作陶器的工人不是专业从业者，而是兼职制作陶器，而二里冈文化中，则是全职的专业工人进行标准化大规模的陶器生产。在二里头文化的炉灶里，在底部设置有支撑陶器的柱子，可能也是为了应对大小不同的陶器而采取的无奈措施。陶器的规格化与陶窑和制作工房的状况相一致，说明了都市性的专业化陶器生产是从二里冈文化开始的。

※　※　※

注释

①《魏志·倭人传》的全称应是《三国志·魏书卷三十·乌丸鲜卑东夷传》中的“倭人”条。为了避免和中国正史中另一《魏书》相混，日本史学界一般将此传称为《魏志·倭人传》。中国学界亦用此称。——编辑注

② 当倭人因为出航或远行而发生争议时，他们会用烧骨头的方法来进行占卜，从而来试探一下自己此行的运气如何，究竟适不适合出行。

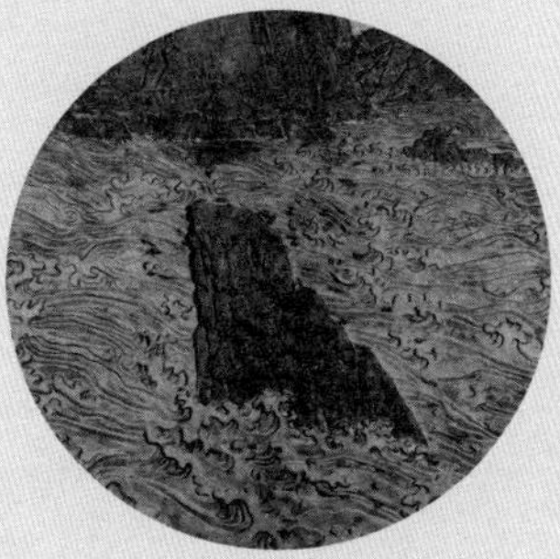

第六章 中国世界的形成

一、夏王朝的领域

二里头时代的倡导

现在中国考古学的重点大多放在陶器的系统论上。陶器作为日常生活用器具，具有可塑性强、使用量大因而制作量也很大的特点，而且根据时间和场所的不同很容易发生形态的变化。因此，陶器在形状、花纹、颜色等方面的差异也反映了时间和空间的不同，为了更容易了解遗址中大量出土的陶器的相似性和差异性，考古学上设定了“型式”“类型”“文化”等这些概念。中国考古学文化正是以这种陶器特征在时间和空间上的“尺度”为基础而划分的。

正如第四章所述，依时间顺序，考古学家们首先建立了仰韶文化、龙山文化、殷墟文化的编年史。接着在龙山文化和殷墟文化之间设立了二里头文化和二里冈文化，又将二里头文化分为四期，二里冈文化分为下层和上层。另外，龙山文化根据地域差异，被划分为山东龙山文化、河南龙山文化、山西龙山文化、陕西龙山文化。河南龙山文化进一步细分为河南东部的王油坊类型、河南北部的后冈类型、河南中部的王湾类型、河南西部的三里桥类型、河南南部的下王岗类型。二里头文化的母胎是河南龙山文化的王湾类型。

考古学家们不仅根据陶器的不同对文化进行了细分，还以陶器的相似为基础对类型和文化进行了总结。在公元前3千纪中，除黄河上游的齐家文化之外，长江中游有屈家岭文化、石家河文化，长江下游还有良渚文化，黄河中下游地区有龙山文化，在各自进行自律性发展的同时，地域间的交流也变得活跃起来，超越地域的共通性也出现了。为了解释公元前3千纪的这种多元性和统一性的现象，北京大学的严文明提出了“龙山时代”这一概念。多元的“文化”有着“时代”的共通性——这一观点成为20世纪80年代中国考古学的主流。

龙山时代之后的二里头文化时代可以说也是一样的——第一次关注二里头时代多元文化真相的是北京大学的邹衡。夏王朝的二里头文化被区分为分布在河南省黄河以南的二里头类型和山西南部的东下冯类型，与此同时，从河南北部到河北南部的漳河流域，分布着作为二里冈文化源流的先商文化的陶器类型。邹衡之所以将东下冯类型包含在二里头文化中，是因为考虑到那个地区存在着很多与夏王朝有关的传说。

夏王朝及与其同时存在的诸文化的势力范围

中国社会科学院考古研究所的张立东，继承了其北京大学的导师邹衡的学说，根据陶器提出了文化等于族群的“分区居住论”。河南中西部有二里头文化，山西南部有东下冯文化，山东到河南东部有岳石文化分布，从河南北部扩展到河北南部的先商文化分为辉卫文化和漳河型文化，各个领域如图43所示。在此基础上他得出了二里头文化属于“夏”，漳河文化属于“商”，辉卫文化属于“韦”族的结论。让我们试试在图43中找一下图10中所示的王都所在地，④黄台之丘、⑤斟鄩、⑧原等三处是二里头文化，①阳城（唐）、②晋阳（平阳）、

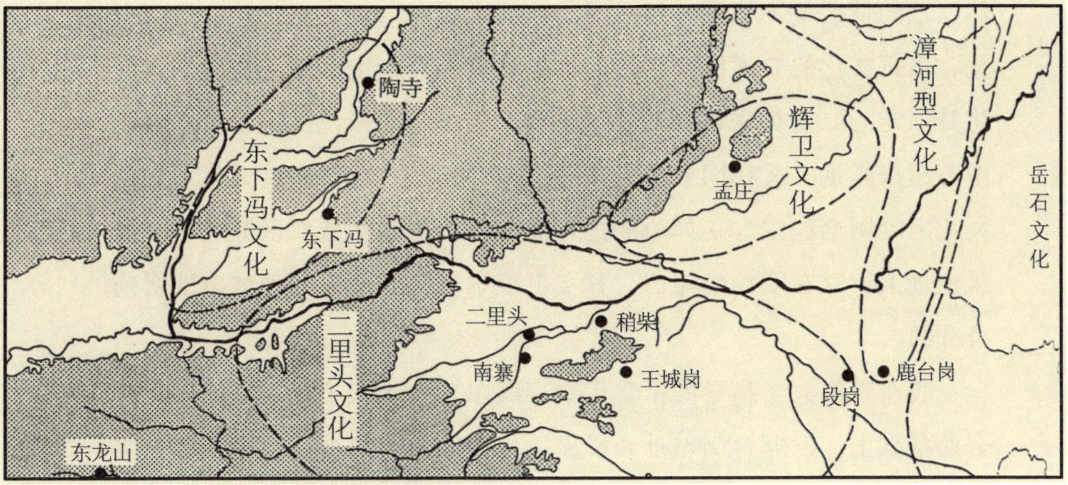

图 43　与二里头时代并存的中原诸文化（引自张立东）

③安邑等三处是东下冯文化，⑥斟灌、⑦帝丘、⑨老丘等三处是在漳河型文化圈内，⑩西河位于东下冯文化之西。可见古典文献记载的王都与考古学的文化圈完全一致。

但是，张立东的文化圈说也存在问题。正如张先生自己所承认的那样，每个陶器文化都有自己独有的特征，同时也有着广域共通的特征。即使像张先生所主张的那样，族群以排他性的领域分开居住，在地区间交流频繁的大背景下，自然也会表现不同陶器特征的交错分布。作为浅显易懂的例子，让我们来看看位于河南省杞县的鹿台岗遗址和段岗遗址。图 43 中，在漳河型文化领域向南细长延伸的尖端部有鹿台岗遗址，而段岗遗址则包含在二里头文化圈内。但是，从其陶器构成的真实情况来看，鹿台岗遗址最初以岳石文化陶器为主，后来则以漳河型文化的陶器居多。与此相对，在段岗遗址中，二里头文化的陶器确实占了大半，但也包含了不少漳河型文化和岳石文化的陶器。虽然遗址的情况各不相同，但从河南东部来看，二里头文化、漳河型文化、岳石文化的要素混合在一起，虽说出土有二里头文化的陶器，但将其认定为二里头文化的遗址则是错误的。一般来说，随着距离文化中心越来越远，文化因素也会逐渐减弱，相反，越是靠近文化中心，文化因素则会越强。正如不能把陶器文化按王朝和族属区分那样，如果地理上不存在明确的障碍，其实也很难将陶器文化的地域范围明确分开的。

我在京都大学指导的留学生秦小丽在首先承认了张立东的文化区分的基础上，以鹿台岗遗址和段岗遗址为例，将两个遗址中的各个文化的陶器所占比率进行了全面的统计分析，以此确认了不同遗址中陶器所构成的错综复杂的实际情况。本来就是模糊的陶器文化，因此无法像张先生那样能明确划分分布区域，只能是在保持模糊的同时尝试去理解它的内容。

尽管如此，本文在这里还是对张立东的文化区分说做了详细的介绍，这是因为他的这个文化划分与将要分析的夏王朝的势力范围，作为大致目标是有效的。也就是说，二里头文化仅分布在河南中部，在山西南部、河南北部、河南东部还存在着其他不同的陶器文化。二里头文化以河南龙山文化的王湾类型分布区域为基础，向其周边略有扩大，即以王都二里头遗址为中心的半径不到100公里的范围是夏王朝的实际势力范围。由此看来，《尚书·禹贡》的“九州”是一个与之无法相比的广阔领域，保留了很多夏王朝风俗的山西南部也脱离了夏文化势力圈，所以在古典文献上看到的“夏墟”的记载也几乎不可信。但是，二里头文化作为夏时代的核心在中国世界的形成中扮演着极其重要的角色。这里展示几个考古资料进行进一步的思考。

二、二里头文化的扩张

陶器的传播

在二里头文化的陶器中，用于饮酒礼仪的盉，是在大汶口文化和山东龙山文化鬶的基础上创造出来的。中国社会科学院考古研究所杜金鹏先生就盉的形成与发展作了以下四个阶段的划分。第一阶段，以从山东带来的鬶作为原型，在河南龙山文化中催生出了盉，并由河南扩张蔓延到陕西和湖北。第二阶段，二里头一到二期，随着形式的多样化，陕西和长江流域的盉也发生了各自的变化。第三阶段，二里头三期到二里冈下层期，形式多样的盉统一为一种形式的同时，二里头文化第二阶段的盉形式则扩散到长江中上游区域。第四阶段是公元前2千纪后半期，盉仅在长江上游地区的四川盆地存续。陶盉在中原消失，但铜盉在二里头四期出现，并在二里冈文化以后盛行，可以说这一时期在中原地区陶盉逐渐转变为铜盉。

在与二里头文化相邻的山西南部的东下冯遗址401号墓中，埋葬着一位成年男性，墓里同时随葬有二里头三期的盉和爵以及具有本地特征的陶罐。另外，1942年和岛诚一（1909—1971）在山西中部的太原市上庄村遗址发掘的陶器（现保存在日本冈山大学）中，包含着二里头文化的爵。这些例子显示了陶器本身被搬运到相邻地区其他文化集团的状况。随葬有二里头特有的盉和爵的东下冯遗址的被葬者，应该是与二里头的夏王朝有关联的人物，或者只是作为不同文化的时尚物品而珍藏拥有，可以有各种各样的可能性。但是，这样被带入的陶器数量很少，而且使用这些陶器的饮酒礼仪在东下冯文化中也没有生根存在的迹象。

这些陶器的信息被传播到中原以外的地区，并在每个地区被模仿。对于爵和盉等特殊形状的陶器，在没有制作三足酒器传统的地方，应该需要把实物放在眼前进行模仿吧。特别是爵，正如第四章所看到的那样，因为有把手、注入流口、三足不对称的配置原则，所以在仿制中也一定需要相当熟练的技巧。而且，不仅仅是模仿陶器的形状，如果没有对饮酒礼仪的热情，仅仅是模仿作品肯定是不够的。

被内蒙古大甸子文化所接受的饮酒礼仪

属于夏家店下层文化的内蒙古自治区赤峰敖汉旗的大甸子遗址位于长城北侧的辽河上游地区。这是一个以旱田杂粮为农产和以猪狗为畜产的农耕聚落，在长方形城郭外侧的公墓中共发掘了800多座墓葬。其中，从13座墓中出土了共计24件的爵、鬶、盉，7座墓中有漆觚的痕迹。墓葬中的陶器组合，和二里头文化一样，由大型的鬶、盉和小型的爵组成。随葬这些陶器组合的墓葬相对较大，被葬者中成年男性较多，但女性墓也有3座。爵的形状有两种类型：带流口的形式（图44的1）和从筒形腹部伸出管状注入流口的形式（图44的2），高约12—20厘米，两种类型都与二里头文化的同类器一致，特别是与二里头二期到三期的爵形状和大小相似（参照图27）。把手、注入流口、三足的配置都严格遵守了二里头文化的原则。鬶也有带流口的形式（图44的3）和带管状注入流口的形式（图44的4），后者被分类为盉。鬶的高度为25—28厘米，形状也与二里头二期相似（参照图25）。包含漆觚在内，二里头文化的各种酒器齐备，形状和大小也相当近似，

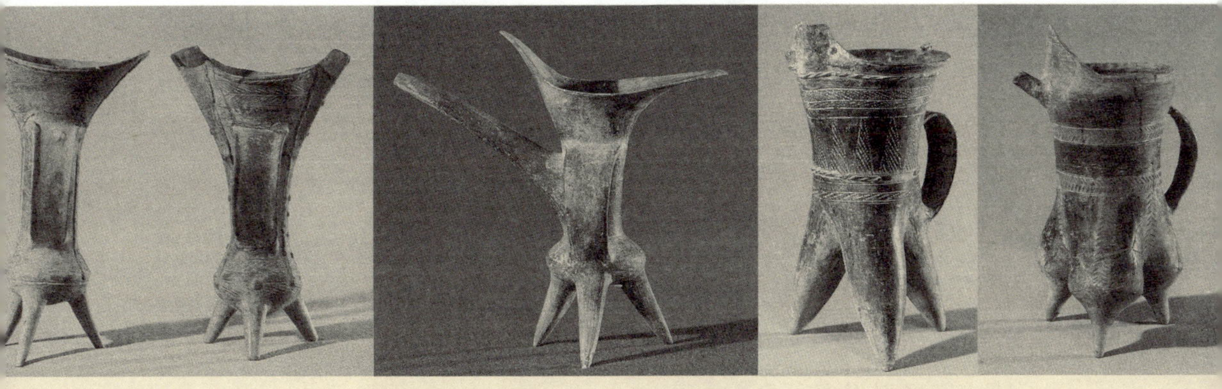

图 44　大甸子遗址墓地出土的二里头文化类型陶器

使用酒器的饮酒礼仪本身可能是从二里头文化直接引入的。但是，仔细观察花纹的话，比二里头文化的纹饰更为复杂，花纹的刻法稍有差异，大甸子遗址的陶器是黑褐色的，和接近灰白色的二里头文化陶器不一样。因此，不应该认为陶器本身是从二里头文化带来的，而应该看作是在当地极其认真地模仿制造出来的。

大甸子遗址墓葬中随葬的陶器，带有鲜艳色彩的本地形态的鬲和罐占压倒性多数，来自二里头文化的酒器只不过是极少数。因为它专门陪葬在最高级的大型墓葬里，所以大甸子遗址的有权者独占了与二里头文化的交流。

向长江流域的扩展

在长江下游地区，河南龙山文化的陶器在良渚文化衰退的空隙中逐渐扩展，在公元前 2 千纪，这里出现了马桥文化。马桥文化黑陶的一部分继承了良渚文化的系谱，新出现的灰釉陶器和红褐陶被推测是受南侧的浙江南部和福建北部文化的影响，陶器的面貌变得极为复杂。上海市马桥遗址出土的盉，其束腰的特征显示是河南龙山文化系统的一部分，数量也很少。受二里头文化的影响而固定下来的是觚，黑陶和灰陶从生活文化层大量出土。在各种酒器中，只选择性地接受觚并在当地制作。与此相反，在马桥文化中盛行的鸭形壶和拍印纹的陶器在二里头遗址也有出土。鸭形壶在二里头一期出土了一件，拍印纹的陶器在二里头二期出土较多。可以看出那时二里头文化和马桥文化之间的相互交流比较活跃。

再来分析长江中游地区。进入公元前 2 千纪，湖北西部的陶器除本地的石家河文化外，还夹杂着西部的三星堆文化、北部的河南龙山文化和二里头文化系统陶器，陶器构成呈现出极其复杂的面貌。二里头文化陶器系统的鬶和盉，均出土于生活文化层。在整个陶器中所占比例极低，不像大甸子遗址墓地那样酒器种类齐全。盉属于杜金鹏划分的 C 形细长型陶器，在二里头文化中属于二期到三期。为了配合三峡大坝的建设，对湖北省秭归县朝天嘴遗址进行了发掘，结果发现了高度为 38 厘米的盉和高度为 26—30 厘米的鬶，两者漏斗状的腹部上都有细长的三袋状足。

长江上游的四川盆地在公元前 3 千纪出现了几处巨大的城郭聚落。公元前 2 千纪的三星堆遗址因其有一个东西 2000 米 × 南北 1000 米以上的巨大城郭，以拥有奇特形状的神面、人头像、神树等铜器及玉璋等众多玉器而闻名。以这些为特征的三星堆文化，在其出土的大量具有当地特色的陶器中混杂有二里头文化的盉。从属于湖北西部的 C 形盉开始，逐渐变细变高，器高超过 40 厘米的大型盉较多。除了三星堆遗址，还在分布于四川盆地的各遗迹中发现了盉，但是都是从生活文化层出土的。

为什么只有酒器在传播

如上所述，起源于二里头文化的陶器，跨越中原地区，向北方和南方扩展开来。（图 45）无论哪一个地区，在各种陶器中都只选择性地接受了酒器盉、觚和鬶，但是各自的对应方式不同。北方的大甸子遗址，当地有势力的人接受了一整套爵、鬶（盉）并随葬在墓葬里。

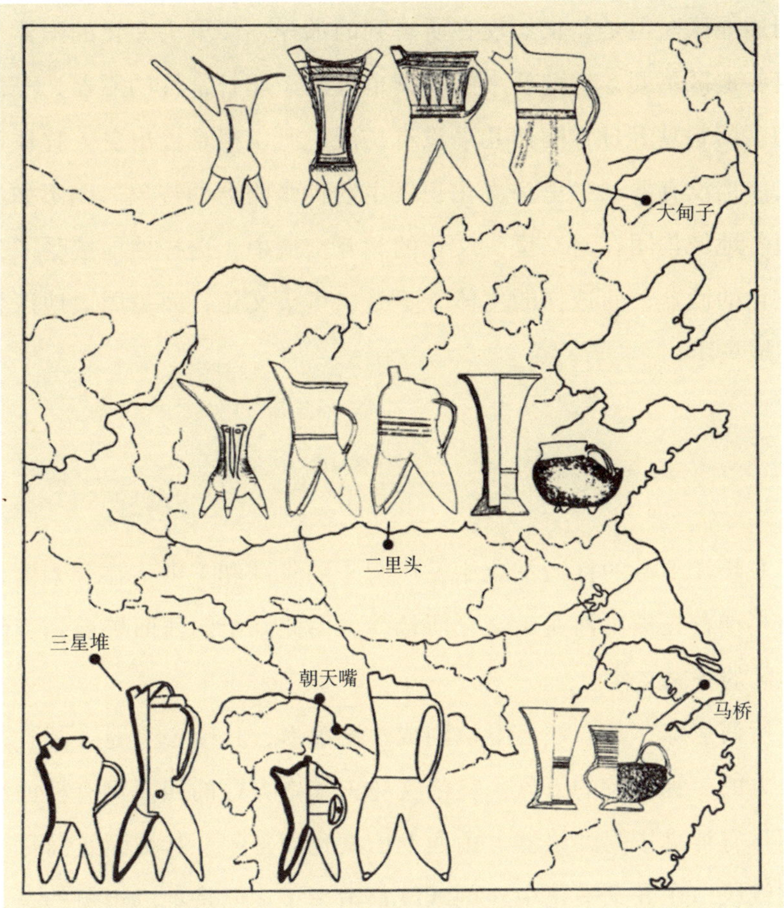

图 45　二里头文化类型陶器的扩散

与此相对，在长江中上游区域仅有鬶与盉，下游地区仅有觚，且都出土于生活文化层，而不是墓葬。这是因为属于夏家店下层文化的大甸子遗址的社会阶层化在发展，当地的有权者阶层积极接受作为代表身份的饮酒礼仪，与此相对，长江流域的平民仅将其作为一般生活用的陶器之一。

杜金鹏先生认为，在二里头二到三期，禹夏王朝的风俗也出现在北部和南部的边境地区。这可能是因为商人的进攻而导致了夏人流散到周边地区。但是，正如现在所看到的那样，二里头文化的陶器形式不仅各地区不同，扩散开来的陶器也仅限于非日常性的酒器，烹饪用器和食用餐具等日常陶器几乎没有扩展，所以很难提出夏人移住说的想法。也没有看到二里头文化积极主动扩张陶器的迹象。倒不如说，周边各地域集团在与二里头文化的相互交流中，选择性地接受了二里头文化的酒器，而选择的主体并不是二里头文化，而是周边地区各自的地域集团。

玉器的传播

在长江下游的良渚文化中发展起来的玉琮和玉璧，在公元前3千纪后半期首先被山西龙山文化所接受，由此开始向西面扩展到黄河上游地区的齐家文化。

所谓玉琮，是方柱上下被削成短圆筒形，其中心贯通大圆孔，内圆外方的一种奇特的玉器。良渚文化玉琮中方柱的四面刻有神面纹，被用作有神灵依附的祭器。山西龙山文化的玉琮，其神面纹简化为单体刻线纹，在齐家文化中连刻线纹都消失了。但是难以想象的是，从良渚文化到齐家文化，二者相距1000公里以上的路程，却能准确地传达出玉琮独特的形状。另外，与山西龙山文化同类型的玉琮在长江中游和长江上游也多有发现。

玉璧是在圆形玉板中央开有大圆孔的玉器。公元前 3 千纪的玉璧虽然没有花纹，但由于孔和周缘的加工方法不同，被分为良渚文化、山西龙山文化、齐家文化等不同类型，有由东向西扩展开来的趋势。

起源于良渚文化的玉琮和玉璧，在二里头文化中还没有被发现。但是，黄河下游山东龙山文化中出现的玉璋、玉斧、玉刀等大型有刃玉器被二里头文化所接受，以此作为宫廷礼仪中使用的瑞玉而发展起来。在这里，根据时间顺序对其空间性的扩展进行详细分析。

山东龙山文化的玉璋从出现之初就没有装柄。刀刃的内弯是微曲的，两侧的凸起也很简单。而在二里头文化三到四期，玉璋出现了鸡冠状的复杂凸起，以及细刻线的纹饰。根据这种差异，分为龙山式和二里头式。玉斧和玉刀也有同样的特征，根据其特征也可以分为龙山式和二里头式。

黄土高原地带的玉器

在陕西北部黄土高原地带，出土了大量公元前2000年左右的玉器。其中包括良渚文化的玉琮、山西龙山文化的玉璧、山东龙山文化的玉牙璧、长江中游石家河文化的玉鹰和玉虎头等，从中国的东、南各地远道而来的玉器汇聚这里。像这样的玉器数量并不多，并没有在这里扎根，相反起源于山东龙山文化的玉璋、玉斧、玉刀等有刃玉器数量相当多，应该是在当地制作并盛行起来的玉器器类。

从神木县石峁遗址附近的村民中收集到的玉器，仅陕西历史博物馆就收藏有 130 件，而比此收藏数更多上数倍的玉器已经流散到世界各地。公开发表的玉璋共 34 件，使用当地产的黑色玉石制成，长约 25 厘米，几乎都是龙山式的，仅包含很少二里头式的玉璋。除此之外，还有各种各样的玉斧和玉刀。基本上也都是没有装饰的龙山式玉璋，不过，有一件玉斧（钺）有两个孔，两侧的锯齿状装饰与二里头式相似。细长梯形的玉刀共有 15 件，刀刃的长度是 20—55 厘米，平均 33 厘米，带有 2—5 个孔。看不到二里头文化中具有特征性的装饰。延安市芦山峁遗址中也采集了长约 55 厘米的巨大玉刀，带有 7 个孔，两侧雕刻出锯齿状的装饰。另外，这里还出土了一件玉戈，长度不到 30 厘米，使用黑色的玉石，在三角形的尖端上带着刀刃。若去除掉尖头的形状，器型接近玉璋，有可能在这里将玉璋改造而产生了玉戈，并在之后发展成了二里头文化的玉戈。

神木县新华遗址位于石峁遗址西约 40 公里处，从村落遗址内的祭祀坑出土了 36 件竖直插在土坑内的玉器。似乎是有意识地竖起玉器来埋入坑内的，可能有着某种咒术的意义。其中大部分是薄条形的玉斧和玉刀。玉器种类与石峁遗址并不相同，但是将板状玉器再切割磨成两片更薄的玉器的珍奇风俗这一点，则是两个遗址共同的特点。除被一劈两半在当地制造的又长又大的玉璋外，还包括从遥远的长江中游引进的长度不足 7 厘米的玉鹰。如果按照像后世的半符那样，把其中一半作为信物交给另外一个人的说法的话，有可能当时的神木人在政治、婚姻等各种各样的社会关系中，有将一个玉器分成两个、三个的习俗。

毗邻沙漠地带的陕西北部是一片缺水的黄土高原。我曾经在陕西历史博物馆调查了石峁遗址的玉器之后，访问了延安市芦山峁遗址（图 46）。芦山峁遗址位于距市中心开车一个小时的地方，将车停在山谷深处的民房旁边后，沿着黄土陡坡攀登到了约 150 米的山脊上。在政

图 46　陕西省延安市芦山峁遗址

府指导下修建的层层果园树田里，可见散落在地面上的陶片。石峁和芦山峁的“峁”在当地方言中是山顶的意思。海拔 1200 米，从山顶可以看到黄土高原荒凉而连绵不断的山脉。在 4000 年前，这里应该是森林覆盖，降水量也很多，与现在相比，更多受惠于当时的自然环境。山谷的水土流失也应该没有现在那么严重。即便如此，也还是会觉得不可思议，当时在这样一座陡峭的山顶附近住着人，而且从中国的东部和南方不远千里运来玉器，拥有比二里头遗址多数倍的玉器。而且，以玉璋为首的大型有刃玉器比二里头遗址出现得早且工艺很发达，还创造出了玉戈那样的新玉器。从另一种角度来看，这里很可能是对二里头文化中瑞玉的出现产生巨大影响的“革命”的原点吧。

在延安和西安之间正好有中国第一代圣王黄帝的陵墓。这是根据第一章里《史记》的传承在后世创建的，我们不应该将现在看到的考古资料与传说轻易地联系在一起。话虽如此，公元前 2000 年左右，黄土高原确实存在着可以与二里头文化相匹敌的高度文化，它与二里头文化有着怎样的关系，有必要对其进行进一步的探讨。

在黄河上游地区的齐家文化中，起源于良渚文化的玉琮和玉璧盛行，同时起源于山东龙山文化的玉璋、玉斧、玉刀也经由陕西龙山文化传入这里。在甘肃省临夏回族自治州的积石山新庄坪遗址中发现了一件玉璋，属于龙山式。青海省大通县上孙家寨遗址出土的玉刀长 54 厘米，带有 4 个孔。在沿着黄河进一步溯流而上的青海省同德县宗日遗址的祭祀坑中，与玉璧和装饰类玉器一起出土的还有 3 把玉刀，其长度为 19—29 厘米，单面钻有 1—3 个孔。由此可知，齐家文化的玉刀孔数不确定，大致是 1—4 个孔。

齐家文化的玉器以二里头文化中看不到的玉琮、玉璧为主，由玉璋、玉斧、玉刀混合构成，由于没有二里头文化中具有特征的锯齿状装饰和刻纹，所以在二里头式玉璋出现之前，齐家文化的玉器似乎是通过陕西龙山文化传播而来的。然而，甘肃东部却发现了二里头文化的盉，现在沿着从西安到宝鸡、天水、兰州的陇海铁路，文化交流仍然断断续续地持续着。

扩张到南方的玉璋

从西安向南越过秦岭，就进入到了汉水流域。这里是汉朝的高祖刘邦最初受封的地方，虽是被险峻的山脉包围的要隘之地，但是南通四川，沿着汉水可进入湖北，翻过一座山可进入洛河上游地区，所以这里是一个交通要冲。位于这里的陕西省商洛市东龙山遗迹，除了战国时代的楚墓，还发掘出土了二里头文化的居住遗址和墓葬。其中二里头二期的 83 号墓，被葬者是位 50 多岁的男性，随葬物有玉璋、玉石斧、玉璧等。玉璋长 28 厘米，属于龙山式，使用黑色玉石制成，是与陕西北部发现的同类器物极为相似的优秀制品。此外还有宽刀刃的玉钺和长条形的石斧各一件，三件大型的有刃玉器被发掘，这一点和二里头遗址相同。玉璧是不规则形状的粗制品，从陕西龙山文化到商代，这种玉璧一直盛行于陕西中南部。此外还从东龙山遗址的居住遗址中发掘出用管状工具钻孔时留下的玉芯 13 件、石芯 5 件，由此可知这些玉石璧是在当地制作的。但是，玉璋的玉质与之不同，应该是从外地带来的。

河南省南部的南阳盆地位于河南龙山文化和二里头文化的分布区域，从那里采集到的玉璋既有龙山式的，也有二里头式的。淅川县下王岗遗址的龙山式玉璋，是从二里头三期文化层出土的柄部碎片。从南阳市采集的二里头式玉璋，长 38 厘米，两侧装饰着具有二里头文化特征的锯齿状纹饰。

从南阳南下到长江中游地区的湖北省荆州市是战国时代楚国的都城。从江汉平原低地的汪家屋场遗址中，同时采集到玉璋 2 件和璧形石钺 1 件。因为是偶然出土，所以不知道是不是墓葬。这里散布着石家河文化晚期的陶器，而璧形石钺则明显是二里头文化的产物。其中的一件玉璋，在尖尖的端部有一个呈“V”字形的深深的刻痕。另一件的刃部是像石斧一样的直刃。前者长 36 厘米，后者长 41 厘米，均较大，两者都使用黑色的玉石，两侧凸起是龙山式向二里头式过渡的特征，应该是二里头文化前期的玉璋。

在位于长江南侧的湖南省石门县桅岗墓葬的长方形的坑里采集到玉璋 3 件和盉形陶器的袋足片。玉璋之一是长 19 厘米的龙山式，柄部有穿孔的凹坑痕迹。同类器在湖北省武汉市也有出土。另一件玉璋是长 48 厘米的大长条形，在两边刻着具有二里头式特征的细小的平行线纹和斜格子纹饰。虽然不清楚这个遗址的长方形坑是不是墓葬，但从盉的形状来看，应该属于二里头文化时期。

从以上分析可以看出，玉璋也扩张到了长江中游地区。其中有龙山式和二里头式两种，这些遗址均被认为属于二里头文化时期。应该与陶礼器中的盉一样，是在二里头二到三期从中原地区传播过来的。从现状来看，可能是散发性的分布，玉璋的制作地点不清楚，不过，由此开始，玉璋则分别向西和南两个方向进一步扩散。

首先是沿长江上溯的西路。在四川盆地，从广汉市三星堆遗址和成都市金沙遗址出土了良渚文化的神面纹玉琮和简化版的模仿玉琮。但是，这些玉器并没有在这里扎根。在公元前 2 千纪的三星堆文化中盛行的是玉璋。这是以尖端刀刃的形状为基础，分为两股呈铲状展开，既有起源于二里头文化的类型，也有以此为基础由三星堆文化产生的、像戈一样尖尖的类型。前者的类型中，尖端呈“V”字形的与汪家屋场遗址出土的玉璋一致，有可能是与陶盉一起从湖北传播到四川的。但是，这两种类型都在柄部的两侧雕刻有锯齿状的装饰，很明显是模仿二里头式的玉璋在当地制作的。使用细线雕刻的手法也是二里头式的特征。从 1 号坑出土的玉璋是一个长达 162 厘米的巨大长条形，两侧雕刻着具有二里头式特征的细密平行线纹和斜格纹，与二里头遗址和桅岗墓葬的出土例子非常相似。最初阶段还能很好地保留着二里头文化的特征，但是后来逐渐形式化，最后三星堆遗址的 1 号、2 号坑的埋葬时间是在商晚期。1 号、2 号坑就在南城墙的内侧，是一个盛满祭器的祭祀坑。1 号坑出土了 40 件玉璋，2 号坑出土了 17 件玉璋。附近有同时期的居住址，除了陶盉，还出土了大量石璧残次品和石芯。这样的玉石璧在陕西的东龙山遗迹中也有，所以也有可能是经由陕西南部与二里头文化交流的结果。这种铲尖状的玉璋在金沙遗址中也有，从早期形式到晚期形式都有。在金沙遗址还出土了另外一种起源于二里头文化的璧形玉钺。

其次是从长江中游地区向南扩散的途径。从福建到广东、香港、

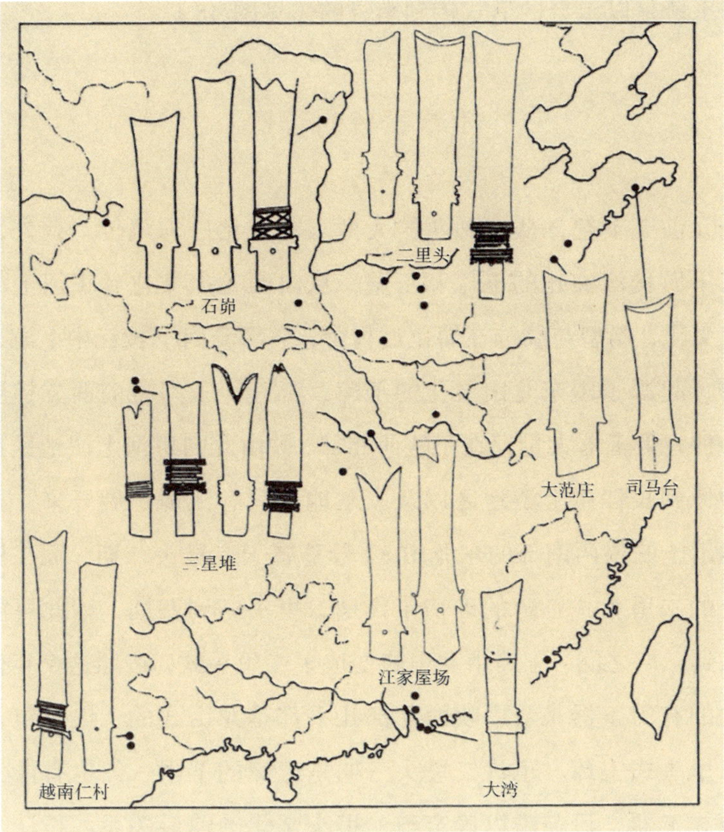

图 47　玉璋的扩散（黑点表示玉璋的出土地）

越南的沿海地区，到处都有玉璋被发现。香港大湾遗址 6 号墓出土的玉璋长 22 厘米，柄部没有孔，两侧有夸张的锯齿状装饰。因为在中间被折成了两块，所以开了两对维修孔并拼接起来。这是修理后一直使用的贵重物品。与玉璋共出的还有装饰品，但是确切年代还不清楚。除有这样的锯齿状装饰和细线条装饰的二里头式玉璋之外，香港大屿山东湾遗址和越南北部的仁村（Xomren）遗址中也出土了龙山式的玉璋。龙山式和二里头式在同一遗址共同出土的情况，暗示着长江中游地区的玉璋是以组合的形式传到南方的（见图 48）。

玉器扩散的背景

公元前 3 千纪，从东到西的大型玉器文化广为流传。首先，起源于长江下游良渚文化的玉琮和玉璧，从山西龙山文化到黄河上游地区的齐家文化，器型与纹饰在简化过程中，一部分南下长江中上游地区。紧接着，起源于山东龙山文化的玉璋、玉斧、玉刀也向西方扩展。这样的各种有刃玉器大量存在于陕西北部，并由此向黄河上游地区扩散，而从中原到长江中上游地区以及广东地区只有玉璋扩展开来。有龙山式玉璋出土的陕西南部的东龙山 83 号墓属于二里头二期，而二里头遗址出土的二里头式玉璋的确切年代是二里头三到四期，因此可能在二里头二到三期之间，玉璋由龙山式变成了二里头式。按照这个年代观，从各地的有刃玉器来看，陕西北部几乎都是龙山式的，仅仅包含了少数的二里头式玉璋。也许二里头三期是玉璋的下限，但也有像玉戈那样的新式玉器，目前难以确定与二里头文化的前后关系。长江中游地区和中国南部、越南北部有龙山式和二里头式的玉璋，和陶盉一样，应该是在二里头二至三期时扩散至此的。湖南省桅岗墓葬中的龙山式、二里头式玉璋和陶盉同时被使用，证明了它们是在同一时期共存的。但是，在中国南部和越南北部，没有发现陶盉，说明陶盉并没有同时扩散而来。与此相对，长江流域的玉璋大多是二里头式，将玉璋的尖端改变为戈形器，由此新发明了这种尖头戈的新类型，与引入长江中游的陶盉一起延续到商晚期。因此，从公元前 3 千纪到公元前 2 千纪，玉器从东向西，同时从北向南扩散开来。但是，从二里头文化的中心到周边地区并不是直接进行的，而是在公元前 3 千纪的地区间交流的基础上，在相邻地区之间一点一点地传递，而且只有各种玉器的一部分被选择性地接受了。这种交流模式显示，并不是作为来源的二里头文化所主导的，而是由接受方主导的，所以南部只有玉璋传播，二里头文化中新创作的玉戈和柄形玉器则不同。因此，在玉器广泛传播的背景下，像古典文献所传达的夏王朝统治领域的扩大以及随着王朝灭亡夏人移居等推测是很难想象的，必须从有限的文化传播这一角度来理解。

兽面纹铜牌饰

从二里头遗址的三座墓中各出土了一件在草履形嵌绿松石铜牌饰，其特点为在铜板上透雕的兽面纹中嵌入马赛克状的绿松石片。但这种铜牌在二里冈文化遗址中则没有看到，现在可以认为这是二里头文化的特征性铜器。

这种铜牌以兽面的眼睛形状为基础，分为圆眼的兽面和吊眼的兽面。圆眼铜牌出土于二里头二期的Ⅴ区 4 号墓（图 48 的 2）和二里头四期的Ⅵ区 57 号墓（图 48 的 3），吊眼铜牌出土于二里头四期的Ⅵ区 1 号墓（图 48 的 1）。若仅看二里头遗址的出土状况，好像圆眼的铜牌比较早，出土于二里头二期，不过，因为从河南省新密市新砦遗址出土的二里头一期的陶器上也刻着吊眼的兽面纹，所以眼睛的形状不一定表示时期差。

在三星堆遗址东北部的真武村仓包包发现的祭祀坑中，与很多玉石器同时出土的还有三块铜牌。其中一个在变形后的圆眼兽面纹铜板上镶嵌有绿松石（图 48 的 5），另一个是变成蔓草状花纹的水印板（图 48 的 6），还有一个是单独的铜板。另外，从三星堆遗址西北 10 公里

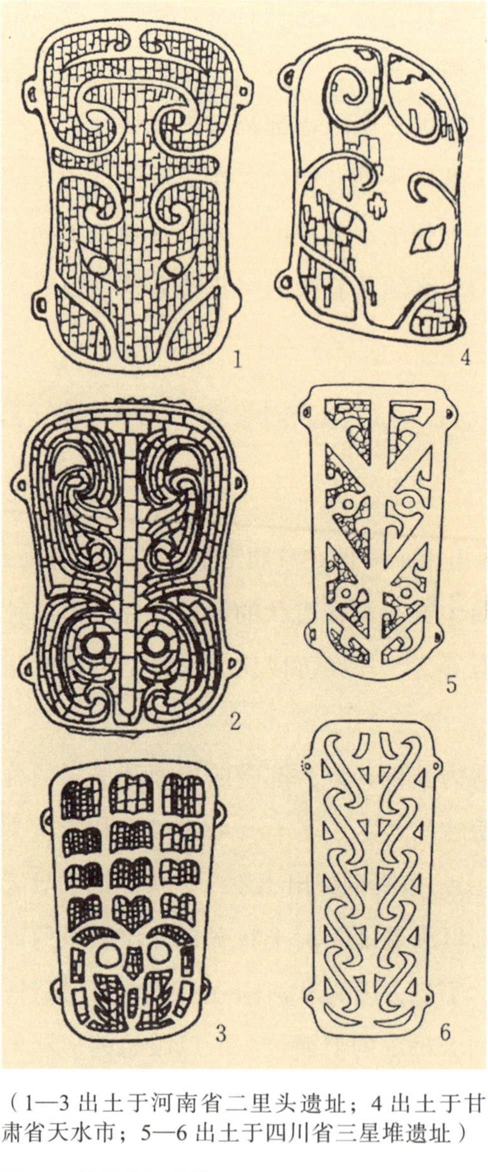

（1—3 出土于河南省二里头遗址；4 出土于甘肃省天水市；5—6 出土于四川省三星堆遗址）

图 48 兽面纹铜牌饰

的地方也采集发现了变形后的兽面纹铜牌。据说这是在三星堆文化中以二里头文化圆眼的嵌绿松石铜牌饰为原型进行的模仿和改造。

另一方面，沿着渭河逆流而上，在甘肃省天水市秦州区，出土了吊眼的兽面纹铜牌饰（图 48 的 4）。出土的遗址不明，仅从公布的照片所绘制的图像来看，其兽面纹与二里头遗址的Ⅵ区 1 号墓出土的铜牌极为相似。这件铜牌本身很有可能是从二里头遗址直接带来的。在甘肃东部，除了玉琮、玉璧、玉璋、玉斧、玉刀早期传入外，还发现了二里头文化的盉，由此可以看到贯穿黄河、渭河的文化交流状况。

三、来自远方地区的输入品

铜的产地在哪里

仰韶文化时期，各地已经出现了小铜片，在山西龙山文化中，铜铃已经处于范铸的铸造阶段。二里头遗址中宫殿区南部的Ⅳ区有铸造工房，二里头二期有铸造的铜铃和铜牌，二里头三期开始铸造铜爵和各种铜武器，二里头四期开始铸造各种铜容器和武器。这些铜器由纯铜到铜、锡合金再到铜、锡、铅合金的变化，显示了二里头文化铸造技术的逐步提高与进步。那么，这些铜原料是在哪里开采的呢？

铜在中国各地都有产出。二里头文化周边的河南北部至山西南部都分布着铜矿，尤其是山西最南部的中条山，是历史上著名的铜产地。从二里头遗址到垣曲县的直线距离是 100 多公里，位于二里头文化的西面。

近年来，东京文化财研究所的平尾良光领导的研究小组，通过铜器中含有的铅同位素比来推测原材料的产地。铅有 4 个同位素，其质量数为 204、206、207、208，其比例因矿山而异。因此，可以通过测定制作年代和地区的铜器的铅同位素比，倒推出出自哪个矿山区域。中国古代的铜器，迄今为止分为四种类型。即西汉镜的 A 区（华北）；东汉镜的 B 区（华南）；战国时代货币属于从黄河下游到辽宁的 L 区和中原的 A 区（华北）；从商代的郑州城遗址、殷墟、三星堆等出土的铜器属于 S 区。其中，郑州城遗址、殷墟和三星堆同属 S 区是一个大问题，平尾氏等人认为这是铀异常多的特殊铅，所以设想其矿山应该在四川、云南一带。从云南到中原大约有 2000 多公里，由于之前设想的是河南周边的铜矿，所以这一结果令人难以相信。另一方面，作为本书中的问题是二里头遗址的铜器主要分布在 L 区，一部分接近 B 区。同时期从山东省青州市益都遗址出土的两个样品也属于 L 区。L 地区的矿山被认为是从山东到辽宁地区，如果承认这个结果的话，和之前设想的中条山相反，二里头文化的铜原料有可能是从东部和东北方面获得的。

与二里头文化同一时期，山东有岳石文化，辽宁有夏家店下层文化。其中，夏家店下层文化的内蒙古自治区大甸子遗址位于与辽宁省邻接的敖汉旗，附近分布着很多铜矿和铅矿。夏家店下层文化已经开始铸造铜器，大甸子遗址墓地从 25 座墓中出土了 59 件铜器和铅器。这些几乎都是当地制造的小型装饰品和装饰器具，虽然没有进行铅同位素比测定，但由于二里头文化中典型的酒器陪葬在大甸子遗址的有权者墓中，所以也有可能是在这里开采的铜原料通过上层权力者之间的交易被带到了二里头文化。

南海产的海贝

除铜原料之外，还有从周边地区传入二里头文化的南海产的海贝。这种海贝因为其鲜嫩的乳白色，加之外形与女性的生殖器相似，所以也被称为子安贝，尤其是较大的贝，象征着顺产和生育能力。甲骨文的“贝”字就是仿照这个形状的。在商周时代，海贝如同货币一样被用来交换或作为礼物。

在山西龙山文化中，用石块和骨头模仿的海贝被殉葬在墓葬中。在山西陶寺遗址中发现了源于良渚文化的玉琮和玉璧以及鳄鱼皮大鼓，由此可知它们与江南地区发生的远距离交流。黄河上游地区的齐家文化中也有海贝和用石块模仿的海贝，与玉琮、玉璧一起将这种爱好海贝的风俗传向西方。

在二里头遗址中，从二里头二到四期的墓地都出土了海贝。二里头三期的Ⅵ区 3 号墓有 3 件，二里头四期的Ⅵ区 9 号墓有 70 件，Ⅵ区 1 号墓有 58 件，都是从被葬者身边的位置集中出土的。这些墓葬都是属于带有铜器和玉器的第一类阶层墓葬。另一方面，在洛阳南部的伊川县南寨 16 号墓，从成年男性的脖子周围出土了海贝。墓葬的年代属于二里头三期，是随葬有生活类陶器的第三类阶层墓葬。二里头三期的荥阳市西史村 1 号墓中，与柄形玉器和陶盉、爵同时出土的还有 4 个海贝。这是属于第二类阶层的墓葬。虽然出土的例子还很少，但可以看出海贝是被二里头遗址的极少一部分上层权贵所独占，同时也传播给了周边地区一些有影响力的人士。

在二里头遗址中，马桥文化的鸭形壶发现于二里头一期，陶器的有印纹纹饰多出现在二里头二期，这也许暗示着当时的南海产的海贝通过马桥文化流入了二里头文化。但是，由于海贝在二里头三至四期增加，而那个时期反而缺乏能证明和马桥文化有交流的考古资料。另外，由于玉璋扩散到广东等南方地区，也有认为是从广东湖南一线流入的，但是这也没有更多的证据，因此现阶段还很难确定流入中原的海贝的获取途径。

在夏家店下层文化的大甸子遗址墓地，从 43 座墓葬中出土了大量的海贝或者模仿其的贝制品。海贝的总数是 659 个，带孔并穿缀在一起，作为头和腰的装饰，埋葬着 55 岁左右男性的 726 号墓有 255 件，埋葬着 35 岁左右成人的 672 号墓（图 49）出土了 226 件。这两座墓葬都是随葬有起源于二里头文化的陶爵和陶鬶的有权者之墓，因此海贝在

图 49　大甸子遗址 672 号墓出土的海贝装饰品

这里也是被一部分有权者独占。虽然可能是从江南经山东流入大甸子的，但是从海贝和酒器的共存关系和铜原料的交易来看，从南中国经由二里头文化传入大甸子遗址的可能性更大。

四、中心和周边关系的形成

地域间交流的变革

二里头文化以王都二里头遗址为中心，其统治领域的半径约为 100 公里。在中原，其文化影响力也波及山西南部和河南北部的其他文化，二里头文化为夏文化，从而认定在河南北部有势力的是商王朝。因此夏王朝势力的基础范围只限于河南中西部。

但是，二里头文化不仅与周边的各种文化有着密切的交流，而且与遥远的地区也有着广泛的交流。从二里头文化扩散到遥远地区的主要是饮酒用的陶器和礼仪用的大型有刃玉器等非日常性的礼仪器具。由于每个接受二里头文化影响的地区的器物种类和形状都不一样，所以不是夏人的主动移居，也不是二里头文化积极且系统的文化传播，而是各个地区文化对二里头文化的主动且有选择性的接受。因此，二里头文化的要素在接受它的各自地域文化中只占着次要的位置。相反，从周边地区引入二里头文化的有南海产的海贝。铜原料根据铅同位素比测量结果有可能产于辽宁和山东。两者都是可以成为王朝贵族有威信的素材，因此暗示着这些是被统治者掌握着的交易。这样的交流范围超过了《尚书·禹贡》所说的“九州”，北过长城至内蒙古自治区赤峰市敖汉旗大甸子遗址，而玉璋与海贝显示南方的交流范围达到广东至越南北部。

这种泛中国式的区域间交流可以追溯到公元前3千纪的龙山时代。从山东到湖北的豆类陶器被传播到中国的西北部，在墓葬中殉葬猪下颌骨的风俗也同样从山东扩散到长江中游和黄河上游。稍晚，良渚文化的玉琮、玉璧，山东龙山文化的玉璋、玉斧、玉刀等经过黄河中游地区到达黄河上游。相反，西北部的鬲形陶器、羊的饲养、卜骨风俗等从河南扩展到山东。总的来说，龙山时代的地域关系是一种多方向的交流网络，涉及的既有日常生活用品，又有非日常生活的礼仪用品。

但是，达到高文化水平的良渚文化、山东龙山文化、石家河文化、山西龙山文化等，在公元前3千纪末期相继衰退，交流网络一时崩溃。之后出现了以中原二里头文化为核心的辐射型交流。其中心与周边的关系并不是以支配和从属的强制力为背景的，也不是说周边之间的交流断绝了，而是因为二里头文化的文化传播力增强，周边地区不断地为二里头文化所吸引，变为以二里头文化为中心的中心集聚型文化活动。随后的二里冈文化暂时削弱了文化的传播力，但在二里冈上层时期，中原再次占据了交流的中心地位。而且，从二里头文化开始，王朝的统治者们就掌握了这一远程交易，这与龙山时代的交流形式的差异非常明显。

夏王朝的实像与虚像

战国时代，黄帝和舜的墓位于西北和南方的边境，相传禹的出生地和陵墓位于西南和东南的边境。与夏王朝的主张联系在一起的“禹步”也在当时被传播到全国各地，在中国南方至今仍作为少数民族的一个民间习俗而存在。随着夏王朝的灭亡，传说夏人像杞人一样在河南东部与商人杂居，另外一部分迁移到长江下游地区成为吴越民族，一部分迁移到南方的长江中游变成荆楚民族，或者迁移到西北成为鬼方。另外，在考古学中也有学者使用它来解释二里头文化传播的观点。

但是，正如反复指出的那样，二里头文化的扩展并不是由于夏王朝的势力扩大和夏人的逃亡，而是受到了周边地区集体选择性地对二里头文化的接受。圣王的传承和“禹步”的广为流传，也正是因为周边地区的人们接受了这些传说和习俗。

但是，春秋战国时代，像分割了晋的韩、魏、赵那样的新兴势力或像秦、越那样重新在周边地区兴起的势力，为了主张其王权的正统性，把自己的王统和禹及夏王朝联系起来，在自己的领地内寻求禹的足迹和王都。这就是为什么禹和夏王朝的传说在各地存在的原因。以中原为舞台而活跃的诸子百家，也把包括异民族在内的统一中国的理想寄托在了圣王的传说当中，在中国各地游历教化异民族的过程中塑造了客死他乡的英雄形象。这些年呼吁“中华民族的伟大复兴”，探究中国世界形成的运动也很盛行，这也和战国时代的这种言论产生了很好的共鸣。

终章 实际存在的夏王朝

具有中国文明特征的宫廷礼仪的形成

李济作为第一位中国考古学家对山西省夏县西阴村遗址进行了发掘，70多年之后，夏王朝终于开始揭开了那层面纱。位于河南省洛阳市偃师区的二里头遗址是夏王朝的最后一个都城，也判明了在其以东6公里发现的偃师城遗址是一座攻克了它的商汤王都城。传说中的夏王朝确实是存在的，如今能明确确认这一点正是中国考古学家们不懈努力的结果。

但是，大禹真的在治水和全境的开拓上有功劳吗？大禹是夏王朝的第一个王吗？世袭王位的王权是从禹、启一直延续到14世吗？在不断迁都的王都中，即使二里头遗址是最后的“斟鄩”，其他的“阳城”“商丘”“斟灌”“原”“老丘”“西河”又在哪里呢？夏王朝的开始是考古学文化和公历年代的什么时候？从文献史学的角度来看，太康的失政和少康的复兴等夏王朝兴亡记录的真实性有多少呢？确实还有很多尚未解决的问题。而从考古学能看到的，只不过是二里头遗址是一个被商所灭的王朝都城而已。

在二里头遗址中发现的夏王朝，是适合称为中国第一王朝的，也是划时代的4000年文明的开始。因为能把中国文明特征化的正是“礼制”。作为规范社会秩序的“礼制”，是从夏王朝开始的，在商周时代被进一步规范化，从战国到西汉时代它还被整理编撰成作为儒教经典的礼书。随着儒教的国教化，到最后的皇帝时代为止，历代王朝都将其继承了下来。本书试图通过考古学资料，多方面阐明这种“礼制”形成的二里头文化及其王朝的真实情况。其结果可以总结如下。

在二里头遗址的中心，有一个在街道上整齐划一的宫殿区。发掘出来的1号宫殿，是由回廊围绕的王临朝时的巨大正殿和可容纳许多臣下朝参的中庭构成，这与西周金文、儒教经典记载的宫殿结构，甚至汉代到明清时代的宫殿构造基本相同。那是一个举行“王者祭典”或王召见臣下时以看得见的形式表现君臣关系的宫廷礼仪场所。在1号宫殿的南部，发现了准备朝廷盛宴的大型厨房。王招待臣下的宴会也是宫廷中重要的礼仪之一。

在宫廷礼仪中使用的礼器是玉圭，二里头文化中的玉璋、玉斧、玉刀、玉戈等大型有刃玉器相当于玉圭。“玉圭”象征着贵族的权威，以此规定了宫廷中的君臣关系，随着宫廷礼仪的完善，从用于神祭的祭玉中创造出了用于宫廷礼仪的瑞玉。这种“玉圭”后来成为衣冠束带的贵族在朝廷中持有的“笏”，日本的古代王朝也接受了这个制度。

“礼”字来源于“禮”字，是用“醴（酒）”的仪式。可以说宫廷礼仪中必定会有饮酒礼仪，这也是二里头文化时期形成的。此外还出现了盛放热酒的三足盉、鬶、爵，作为酒杯的觚和盛放酒的酒瓮——大口尊，这些宴饮器具被其后的商周时代继承了下来。特别是爵一贯遵守不对称的特殊形式的原则，显示宴饮礼仪中爵的拿法和倒酒方法等都有细致的礼仪礼法。

大型1号宫殿、瑞玉的“玉圭”、以铜爵为主的铜酒器都出现在二里头三期。而这个时期正是宫廷礼仪，甚至是规范了的“礼制”王朝的成立期。二里头三期也出现了随葬铜爵和瑞玉的墓葬，显示了贵族身份秩序的产生。陶质酒器出现在二里头一期，拥有版筑基址的宫殿、祭玉的柄形玉器、作为装饰品的铜牌铜铃出现在二里头二期，这些都是促使二里头文化开始朝着王朝的形成而助跑，具有中国文明特征的宫廷仪式和规范礼仪的王朝则成立于二里头三期。那就是夏王朝。虽然我不知道夏王朝的都城是否从最初到最后一直位于二里头遗址，但是，从考古学的角度来看，二里头王朝体制完善是在二里头三期，到二里头四期的不到100年间是夏王朝的存续期这一点是毋庸置疑的。

战争与劳动的组织化

二里头三期出现了铜武器，远射程用武器——箭头急剧增加，被暴力杀害的人也同时激增。这表明集团之间的战斗变得激烈。在山西省东下冯遗址也发现了同样的现象，说明二里头三期在中原的广大范围内频繁发生大规模的战斗。这并不是因为战争的结果产生了王朝的体制，而是随着王朝的成立，社会的紧张感加强了。

虽说没有像传说那样大规模的大禹治水工程，但是在王都和宫殿的建设上还是有很多工人被作为劳役使用。仅仅是建造1号宫殿的基础部分，就动用了超过20万人的劳动者。除此之外，在土木、建筑工程、各种手工业生产、对外战争等方面，有更多的人员被经常性的劳役所驱使。这么大规模的劳动仅靠王都的居民来维持是不可能的，因此周边村落的居民应该也被大规模地征用为劳役。

龙山时代也有过大规模集体劳动的时代。但是，在拥有270公顷城郭的山西省陶寺遗址的范围内，城郭也保护着一般的平民，拥有多数殉葬品的大型墓和没有殉葬品的小型墓都在城郭内的同一个公墓里。它的集体劳动应该是超越身份差异的共同性的劳动。但是，二里头遗址则完全是一个为了满足当政者而不断压榨大量庶民的地方。社会分化越来越大是中国最初建立的王朝的另一个真实面貌。

从公元前3千纪开始，气候的寒冷化和干燥化缓慢地进行，但是平民的生活并没有发生很大的变化。农业方面，以粟、黍为主的杂粮与麦子、稻子、大豆组合起来的轮作是基本的农耕形式。麦子是从西方传来的，稻子是从南方传来的作物，以实现五谷丰登。在农村产生了以猪为主的小型畜牧业，同时也在附近的森林狩猎以鹿类为主的动物，在河川和沼泽进行捕鱼。这种生活方式从龙山时代开始就没有什么变化。

从河南龙山文化转变为二里头文化，煮饭用的罐形陶器从平底变成了圜底，与此同时，煮饭的炉灶从房址中央的炉灶转变成了墙边的炉灶，烧制陶器的陶窑结构也进化了。但是，日常烹饪和装盘时使用的陶器种类没有变化，陶器的生产也是小规模的个体经营。陶器发生的较大变化就是出现了用于饮酒礼仪的酒器，但是这只是一部分贵族使用的器具，和平民的生活没有太大关系。

由此看来，二里头文化王朝的成立，其起因并不是通过征服战争建立统治和从属的地位，也不是因为生产力的发展、平民生活的变化，而是因为一部分有权势的人为了维持自己利益而创造了宫廷礼仪。而成为当政者的贵族们却把平民当作各种劳役无限使用，并由此建立了国家的权力基础。

征服了夏王朝并强化了国家体制的商王朝

二里头文化的领域，只不过是在以王都二里头遗址为中心半径100公里左右的范围内。这并没有超过河南龙山文化王湾类型的分布圈，由此可见夏王朝对外进行势力扩张并不太积极。相反，高度发达的王朝文化对周边地区产生了强烈的影响。龙山时代各地并立的发达文化及其交流网络在公元前3千纪末之前土崩瓦解，迅速建立了商王朝的二里冈文化转变为放射性传播文化。

商王朝继承了夏王朝的宫廷礼仪，进一步确立了国家的法规体系。到了二里冈文化时期，炊食用的陶器从罐转变为鬲，罐更加小型化。刻槽盆消失了，用来装盘的餐具种类也发生了很大的变化。吃烤肉的习惯消失了。在商王都开始了陶器的集中生产。商王朝强有力的控制力对平民的日常生活产生了很大的影响。

虽然农村的生活没有太大的变化，但是商王朝开始发展畜牧业来人工饲养牛和羊，稍晚又开始了对马的有组织的牧畜，并因其骨头能用于占卜和王室祭祀牺牲而被大量地消费。马成为显示王朝军备和贵族权威不可或缺的东西，郊外大规模的牧场经营和王都以牛为主的大量消费，足以拉开与以饲养猪为主的自给自足的平民之间的差距。

与通过独自调整宫廷礼仪而成立的夏王朝不同，商王朝是通过征服夏王朝而成立的，作为统合贵族的政府机构，除采用夏王朝的宫廷礼仪之外，还强化了统治被征服民众的国家体制。平民日常用的陶器也发生了巨大变化，可能就是因为有组织地生产陶器和饲养家畜的国家生产体制的产生。另外，超越夏王朝的文化领域，商王朝的统治领域飞跃性地扩大这一点，也是从征服夏王朝的国家体制开始的。商王朝不仅在王都建立了巨大的城郭，还在山西和湖北的前线据点也设置了小城郭，将它们作为对地区统治的据点。总之，夏王朝规划了王朝的形态，而商王朝则建立了国家的统治体制。

后记

我开始关注夏王朝，是1982年去北京大学留学的时候。当时刚刚出版了《夏商周考古学论文集》（1980年）的邹衡先生，在他家里对商周考古专业的学生进行课外辅导，我也被邀请参加。老师把贴在卡片上的陶器实测图一张一张地摆在桌子上进行说明。在桌子上完成的陶器编年史显示了中国考古学在当时的特点。

那时，北京大学向各地派遣研究生，进行了按地区对陶器进行编年的考古发掘调查。其目的是建立一个广域的陶器编年体系。因为当时还不允许外国留学生参加考古发掘，所以我在北京大学的标本室里进行陶器的绘图练习。虽然我对考古器物绘图有一定的自信，并认为日本特色的陶器绘图方法是世界最先进的，但是自己掌握的有关陶器的信息量实在是太少了，并深感在陶器的编年分期研究和陶器的地域性研究中，无论如何也赶不上邹衡和受其熏陶的学生们。

我之所以选择去中国留学，是因为怀着向往中国考古学的理想。

新中国成立不久，传统的考古学方法被作为批判的对象，学者提出用马克思主义的考古学为社会主义国家建设做贡献的主张。所谓的传统考古学是指以陶器和石器的形状为基础在时间和空间的尺度上设定“文化”和“类型”的文化史研究。研究夏王朝存在于考古学文化的何时、何地，也正是这种研究方法的延伸。本书介绍的北京大学苏秉琦先生，在大学教授传统考古学，当时被学生们强烈批判为“只看器物不看人的世俗进化史观”（《论资产阶级器物形态学的伪科学性》，《考古通讯》1958 年第 1 期）。陶器的形状并不是按照陶器本身内在的法则而变化，而是根据人类的需要而变化的，所以不应该只说明陶器的形状变化，而应该研究制作陶器的人。由此我对以探索人类为目标的考古学研究产生了很大的共鸣。

20 世纪 80 年代中国考古学再次回归传统研究，围绕陶器的编年和夏王朝所在地展开了热烈的讨论。考古学对历史的探索是必要的，但是我们是不是应该更关注过去人类的行为呢？我为自己到底应该采用哪种研究方法而苦恼。

那之后过了 20 年，我的研究从新石器时代到汉朝、南北朝时代，一直在青铜器、玉器、陶器、动植物、居住址、城市等感兴趣的地方徘徊，但我决定以“透物见人”作为我的研究目标。本书也贯穿了这样的视点。例如，二里头文化时期，烹饪用的夹砂罐从平底变成了圜底。这种变化，只要是研究二里头文化的学者都知道。但是，为什么从平底变成了圜底呢？没有人提出这样的疑问。其实是因为房址内的炉灶变化而引起的器形变化。因为陶器形状的变化不只是编年的指标，还蕴含着制作陶器和使用陶器的“人”的行为。我们应该关注二里头文化的人们为了提高陶器的热效率，是如何绞尽脑汁进行多种努力进行陶器制作的。另外，为政者的贵族们为了保护自己的权益，也尽量考虑设置各种各样的社会组织。有学者认为二里头二期出现的宫殿、铜器、玉器是王朝的标志，但是，如果追溯各自源流的话，就都可以追溯到龙山时代，因此就不能认为二里头文化是证明王朝成立的突破口。倒不如把贵族们如何利用这些宫殿、铜器、玉器作为研究的课题。本书并不是只看遗迹和遗物，而是以探索人类活动为目标的一个小小的尝试。

从20世纪90年代开始，与中国同人的共同调查成为可能，实地观察遗迹和遗物的机会增多了。特别是在1998年至1999年期间进行的河南省焦作市府城遗址的发掘中，我们从二里冈文化的城郭和宫殿、二里头文化到西周文化的陶器中取得了很多惊人的调查成果。同时也有机会得以亲自观察与之相关的二里头、偃师城、郑州城遗址，还奔走于河南、山西、陕西、湖北等各地的遗址进行实地考察，我的这些经历对本书的撰写具有很大的帮助。事实上本研究受到很多机构和研究人员的帮助，特别是为发掘而尽力的河南省文物考古研究所的各位先生和一同参加河南焦作府城遗址发掘的京都大学的学生们，我想再次向他们表示感谢。

撰写本书的直接契机，是在2002年春国际东方学者研讨会上，我受邀作了题为《中国王权的形成——二里头文化的探讨》的发言，同时也正好在此时接到了出版社以“夏王朝”为主题的本书的执笔委托。虽然之前对二里头文化和夏王朝很有兴趣，但因为没有针对这一课题进行过专门研究，我花了很多时间去阅读古典书籍，尽量准确地收集相关考古资料，其间发现了很多不曾注意到的新发现，所以整个写作过程非常愉快。讲谈社的铃木一守先生和主办了东方学会研讨会的小南一郎先生，从本书的企划到编辑都给予了非常宝贵的意见，对此深表谢意。

《夏王朝——中国文明的原像》（2007 年学术文库版）跋

正如在前作《夏王朝》中所写的那样，在中国，关于夏王朝的实际存在是不可否认的事实。中国记者岳南在《夏王朝不是虚构的——追溯 1200 年前中国文明史的起源》（朱建营、加藤优子译，柏书房，2005 年）中，对中国以官方学术运动寻找中国文明起源的现状作了详细介绍，这里就不再重复了。与此相对，前些年在日本对此观点持怀疑态度的意见仍根深蒂固，在出版界可以说只要是谈到“夏王朝”必然加上“谜之”和“幻之”的修饰语，学术论文中甚至有将“夏王朝”作为禁忌标题的气氛。但是，为什么中国提倡夏王朝的实际存在论呢？其原因从辛亥革命到现在的思潮中都可明确地看到，如果不克服中国和日本之间在这一论题上的这种差异，就很难在日中之间讨论王权和国家形成这一考古学的重要课题。于是，我便大胆地向社会推出了以“夏王朝”为标题的前作。

这期间，日本的学术界也出现了一些变化。宫本一夫在《中国历史01·从神话走向历史：神话时代夏王朝》（东京：讲谈社，2005年）一书中得出了二里头文化等于夏王朝的结论。饭岛武次先生过去一直把二里头文化的三期、四期看作商王朝的前期，对夏王朝的实际存在持否定态度，现在也改变了其观点，在2005年9月日本东北学院大学召开的“夏王朝之谜研讨会”中说到“夏王朝存在的可能性非常之高”（《东北学院大学论文集　历史与文化》第41号，2006年），由否定论转变为肯定论。

虽说日本学术界的风向发生了变化，但并没有确切的证据证明夏王朝的存在。有人对相关文字的发现寄予期望，但甲骨文出现在商晚期，甚至连商早期的二里冈文化中是否有文字都无法确认。而且，围绕殷商的称呼，日本、中国、欧美之间存在差异，出土的甲骨文中并没有明确记载商王朝的名字。原本商人给自己的王朝取名这一点也令人怀疑。即使在商之前的二里头文化中有文字，但以此来证实夏王朝的存在恐怕永远也无法实现。因此，我们现在应该做的事情，并不是纠结夏王朝是否真的存在，而应探讨在甲骨文证明了实际存在的商王朝之前，是否存在着一个可以称之为王朝的王权和政体，如果存在的话，那可以说它是中国最初的王朝吗，其政体具有怎样的社会、经济、文化特质等。而要明确这些，只有考古学能发挥作用，除此之外别无他法。这一观点在本书2003年版中也曾强调过，在此再次确认一下。

在距本书2003年版出版两年之后的2005年10月，本人受邀参加了在洛阳市偃师市召开的“中国二里头遗址与二里头文化国际学术研讨会”（以下简称“偃师会议”），参观了正在发掘中的宫殿遗址，并与活跃在发掘、研究第一线的很多学者就二里头遗址及其文化相关的各种问题进行了讨论，对我来说这是重新思考一些问题的好机会。也许应该根据当时考古现场的见闻和新的考古发掘成果，对这个学术文库的原版进行重新改写。但我觉得即使根据新的发现，也没有必要订正内容，所以我想在保留原著立论和观点的同时，对最新获取的信息以“跋”的形式增加在这里，以便让对此题目感兴趣的读者能跟我一起参加到正在进行的考古学知识学习之旅中来。

上海博物馆楚简《容成氏》记载的夏王朝

上海博物馆（以下简称“上博”）于 1994 年在香港的古董市场大量收购了一批战国时代的楚国竹简。在进行保存和整理之后，从 2001 年开始公开发表了一些对其解读的成果。其中有一则被命名为“容成氏”的古代帝王传说，浅野裕一的“《容成氏》中的禅让与放伐”（《竹简所说的古代中国思想——上博楚简研究》，汲古书院，2005 年）从思想史的角度对其进行了详细的介绍。其内容包括帝王的系谱，尧、舜、禹的禅让，禹的治世，商汤王讨伐夏桀的原因，周武王驱逐商纣王的情况等等，这里主要分析与夏王朝相关的部分。

首先，关于夏王朝的建立，在《孟子・万章章句上》和《史记・夏本纪》中的记载里禹把王位禅让给了有能力的益，而益却让位给了禹之子启，于是世袭王权的夏王朝诞生了。然而，在《竹书纪年》《战国策・燕策一》《史记・燕召公世家》等文献中，则记载了启杀益并即位，讲述了一场完全不同的权力斗争。上博楚简《容成氏》的记载是与后者相同的记录。先不说是否真有这样的权力斗争，仅是与儒教天命观渲染的《孟子》和《史记》相比而言，传达活生生权力之争的《容成氏》和《竹书纪年》便更具有真实感。

关于夏王朝的终结，除了《史记・殷本纪》有详细的记载之外，也可在《竹书纪年》中看到不同的记载，而上博楚简《容成氏》中又记载了另一种不同的内容。根据浅野氏的解释，其大意如下。

禹建立夏王朝之后，经过了十六代，桀即位。桀不遵循先王之道，天下混乱。商汤王在假装帮助桀的同时，煽动人们对桀的恶政的反感，并用阴谋把其心腹伊尹派去做桀的助手。伊尹接受了汤之密命，假称夏王朝拥有最强有力的军队，唆使桀派遣远征军攻击峼山氏，并带回了他的两个女儿为妻，桀为两个人建造了豪华的宫殿，使百姓痛苦不堪。汤见时机成熟，就严厉地指责桀的残暴，并对其进行攻击。汤从武遂发兵，从北门攻入城内。桀逃到鬲山氏身边，汤追击，从鸣条进攻高神之门。桀逃到南巢氏身边，汤又追了上来，于是他逃到了苍梧之野。汤在那里召集了九州（全国）的士兵，在全国范围内进行大规模的扫荡，将夏王朝的宗族和残党全部消灭，最终成为了天下之王。

正如从禹到启的王位继承是权力斗争一样，从夏王朝到商王朝的更替也是充满了权谋的霸权之争，最后商用武力打败了夏，这便是《容成氏》的记载。正如浅野氏所注意到的那样，王朝更替不是儒家天命之革命，而是掌权者们的人间争斗的闹剧，特别是商汤使用阴谋使得夏王朝灭亡，这有着与儒家赞扬的圣王很不相称的狡猾的一面。不过，各种版本传说的舞台设定和情节与《史记》《竹书纪年》基本相同，估计都是根据相同的传说，分别加入了写作者的思想及立场改编的结果。如上所述，上博楚简《容成氏》是诸子百家活跃时代的著作，即使它是研究战国时代思想的新资料，但也不足以成为证明夏王朝真实存在的史料。

二里头文化的源流

舜到禹的禅让制、禹到启的王位世袭制，使得夏王朝得以建立。

从禹到启的继承，因文献记载不同而有差异，但是近年来，中国考古学中禹和启的遗址突然引起了人们的关注。

河南省登封市王城岗遗址有龙山文化时期的城郭。相传在嵩山南部的这片土地上有禹的阳城，因为在20世纪70年代的发掘中发现了可以追溯到龙山文化的城郭，因而提出了将其视为禹都的说法。城郭的放射性碳素断代测定的年代大约是公元前22世纪，与《竹书纪年》等文献中夏王朝的成立年代相近，这也是此说法的根据之一。但是，这座城郭的边长只有90米，对于夏王朝的首都来说实在是太小了。

但是，北京大学考古文博学院和河南省文物考古研究所在同一遗址经过2002年和2004年两年的连续发掘，发现了边长约600米的正方形城址，20世纪70年代调查发掘的小城郭位于这座城址的东北角。大城、小城的时代都属于龙山文化晚期，小城是王城岗二期，大城是王城岗三期，小城的建筑略早（《考古》2006年第9期）。虽然规模不及山西省陶寺遗址，但在河南龙山文化中是最大的城郭。而此前因城郭面积较小，否定其为禹都阳城的证据就此消失。发掘者方燕明估计，在大城的建造中，若是1000人每天工作8小时，则这是一个需要用14个月才能完成的大事业，因此小城是鲧之城，大城为禹之阳城。鲧是禹之父，是传说中尧时因治水失败而被口诛笔伐的人物。

距王城岗遗址约40公里的东边有新密市新砦遗址。在20世纪70年代的考古调查中，确认其是一处从龙山文化到二里头文化时期的遗址，2002年开始重新发掘时发现了二重环壕和城墙环绕的聚落（《中国社会科学院古代文明研究中心通讯》第8期，2004年）。城址是结合自然地形的不规则长方形，整个聚落的面积为70万平方米。城内的高台上有东西92.6米 × 南北14.5米的建筑基址（《考古》2006年第1期），虽然看起来像大型宫殿基址，但因为是半地下式结构，所以不可能成为宫殿。发掘者赵春青推测这里是启之都的黄台之丘，并根据遗址出土的陶器形态将其命名为新砦文化。

无论是禹的阳城，还是启的黄台之丘，在嵩山南侧均有与其相关的传说，刻有“阳城”地名的战国时代的陶器就出土于王城岗遗址附近。王城岗遗址是属于龙山文化晚期的城址，而新砦遗址则是紧随其后的龙山文化末期到二里头文化初期的城址，面积分别为 30 万平方米和 70 万平方米。二者的规模都比周边的遗址大。另外，还出土有铜器和玉器的碎片，发现了大型的版筑式基址和大型建筑遗址。可是，其铜器和玉器的碎片均出自灰坑，铜器碎片无法复原器形。玉器虽源于龙山文化，但是远比良渚文化和山东龙山文化的玉器逊色。而无论是遗址的规模，还是版筑基址和大型建筑遗址，在其之前的新石器时代文化中就有比之更大的例子。即使从其后的二里头文化来看，在王城岗遗址和新砦遗址中还没有发现二里头三期王朝礼仪那样的证据。而且，禹和启的实际存在在文献学上也是无法确认的。虽然根据商汤王的都城西亳偃师城遗址的发现，终于清楚了夏王朝晚期的都城是二里头遗址，但在此之前有记载的九处夏都城遗址都还完全没有踪影。突然发现的新砦遗址就被认为是夏王朝初期的王都，也还是令人十分困惑的。

而王城岗遗址和新砦遗址，其引人注目之处只能说是将考古发现的遗址和禹与启的文献传说进行了简单的比附而已。在日本也有佐贺县吉野里遗址以“看得见的邪马台国”为口号，将这处濒临开发危机的遗址作为特别史迹、国家历史公园而保存下来的例子。如果要提高公民的历史意识，并有效利用遗址的话，那么这样武断的附会也不应该一味地受到责难。但是在学术界，若没有文献学和考古学的证据，这样的结论则一步也不能往前走。因此王城岗和新砦的发现，只能说是城址和其年代得以清楚，而论述其社会性质则为时尚早。

在 2005 年的偃师会议上，命名了早于二里头文化，以新砦遗址为标准的新砦文化，考虑到龙山文化→新砦文化→二里头文化这一谱系的发展，新砦遗址的陶器被视为嵩山南麓的地域类型，这就与二里头文化是从龙山文化中直接产生的学说发生了矛盾。北京大学的邹衡，最初提倡二里头文化等于夏王朝说，在这次会议上，他手里拿着二里头一期的陶器说道：“二里头一期陶器还保留着龙山文化的鲜明特征。二里头文化与龙山文化是直接继承的，二里头遗址所在的嵩山北麓不存在新砦文化。”虽然在会议上这是少数意见，但我支持邹衡的说法。嵩山的北方和南方地区不同，陶器形态有差异并不奇怪。虽说新砦遗址拥有较大的城郭，但将其陶器形态看作与龙山文化和二里头文化那样独立的考古学文化，这样的结论还是有点不妥。如果以禹、启作为夏王朝的开始，二里头遗址是夏王朝迎来末日的最后都城为心理预设，假设新砦文化→二里头文化的发展，不得不说作为考古学研究，这在方法论上是本末倒置的。

正如前著中提到的那样（本书 175—177 页），考古学虽以陶器形态为指标来设定考古学“文化”和“类型”，但是根据指标的不同，可以形成各种各样的文化编年和地域区分，因此很容易被研究者先入为主的观点所左右，但如此多的研究者有不同见解也不过分。即使否定新砦文化的邹衡，也因为河南中西部到山西南部有很多夏王朝传说，而将山西南部的东下冯文化视为二里头文化的一个类型。这也是结合对古典文献的理解而设定的考古学文化。我们应该铭记考古学的“文化”和“类型”只是分析方法上的时间和空间的工作假设，它并不反映历史的实际情况。

二里头文化的年代

在2005年的偃师会议上，还发表了根据AMS新的放射性碳素断代测定的年代。二里头文化一期到四期的新测定年代是公元前1750—前1520年，其时间跨度仅为200多年。新砦文化的上限是公元前1850年。而2000年发表的《夏商周断代工程报告》的官方见解是，根据AMS方法的测定结果，首先是夏商的更替年代为公元前1600年，根据《竹书纪年》从禹到桀是471年，将夏王朝的历法年代定为公元前2070年到公元前1600年。“夏商周断代工程”的年代结论将夏商王朝更替提早了约80年，夏王朝的开始居然比新砦文化的上限还要早200多年。这就好像是要把竹子接在树上那样，夏王朝的年代论，发表后仅仅几年就被新的测定年代结果给否定了。

一方面，夏商的王朝更替是由二里头遗址的二里头四期和偃师城遗址的偃师城一期决定的。“夏商周断代工程”对两者的测定年代大约是公元前1600—前1500年之间，这个测定年代没有问题。然而，结论却是采用了比此更早的年代。关于商王朝的存续期，古典文献的短期说是500年，长期说是600年左右，由此把夏商的更替追溯到公元前1600年更为合适。而这样的偏见在结果上就产生了80年的差距。

另一方面，二里头文化的源头，除二里头一期以外，还可以参考早于它的新砦文化和龙山文化的年代。“夏商周断代工程”测定的二里头一期样品仅有两例，介于公元前1880—前1640年，与以王城岗遗址为代表的龙山文化的年代间隔很大，这样就很难确定二里头文化的源头。而如果像新测定年代那样，将其推后到公元前1750年的话，与龙山文化的年代间隔就会越来越大。即使在此期间有新砦文化，但新砦文化的上限是公元前1850年，所以还有100多年的空白期。

根据新测定年代，王城岗遗址等于禹都说、新砦遗址等于启都说都不能成立。即使启之都是新砦文化的上限年代，王城岗遗址的王城岗三期测年是公元前2060年左右，禹都和启都的时间差就有200多年，那么禹和启就不是父子了。另外，在夏王朝始于公元前2070年的“夏商周断代工程”的估算中，虽然看起来和王城岗遗址的测定年代相符合，但是作为计算基准的夏商交替年代要晚80年，因此必须要将夏王朝的建立改在公元前1990年。这样王城岗遗址就比夏纪年要早，而新砦遗址则比夏王朝成立还晚了140年。

在本书的原著中，结论是二里头遗址王朝体制完善是从二里头三期开始到二里头四期为止的不到100年间，这也是二里头王朝的存续期间（本书第205—207页）。这个结论即使参照新的测定年代也不需要变更。早于商王朝的中国第一个王朝是相当短命的，从禹到桀有471年，《竹书纪年》的说法原本就令人难以相信。

从祭玉到瑞玉

在中国古代的礼器中，最受尊重的是玉器。最早是把光洁美丽的玉石作为装饰品使用的，不久就产生了用于祭神的祭玉。祭玉最早出现于江南的良渚文化。之后过了1500年左右，二里头文化的夏王朝诞生后，又创造出了用于宫廷礼仪的瑞玉。二里头三期出现的玉璋、玉斧、玉刀、玉戈等大型有刃玉器，象征着贵族的权威，作为宫廷中确立君臣关系的“玉圭”，此后便成为衣冠束带的贵族官僚上朝时持有的“笏”，日本古代王朝也接受了这种制度。

花地嘴遗址位于巩义市，附近是孕育了二里头文化的伊、洛两河注入黄河的交汇点，2004年发掘的祭祀坑中出土了玉璋（图50，《考

图 50　花地嘴遗址出土的玉璋

古》2005 年第 6 期）。玉璋最早出现于龙山文化晚期，在二里头文化一期、二期没有玉璋出土，二里头三期时再次出现。玉璋的分布在龙山文化时期主要以山东和陕西北部为中心，而被二里头文化接纳之后，则从中国南部一直扩展到了越南北部。其形状由柄部两侧附近突起、尺寸较小的龙山式演变为复杂的锯齿状二里头式，花地嘴遗址出土的玉璋是锯齿状的二里头式的祖形，全长 30 厘米，尖端刀刃接近龙山式，综合来看，处于龙山式向二里头式的过渡形态。（本书第 184—193 页）这个祭祀坑还出土了独特的彩陶，发掘者认为遗址的年代是新砦文化。放射性碳素断代测定的年代是公元前 1800—前 1740 年，在时代上早于二里头一期的年代，这与玉璋的形式也没有矛盾。

花地嘴遗址出土的玉璋的意义不只是发现了一种连接龙山式和二里头式之间的中间形式，还在于龙山文化的玉器曾被用作祭神的祭玉，而花地嘴遗址出土的玉璋也同样是用于祭祀的。与此相反，二里头三期、四期的玉璋是和玉斧、玉刀、玉戈等礼器一起作为贵族墓的随葬品出土的。这暗示着夏王朝成立之后，玉璋才从祭祀用的祭玉变为宫廷礼仪的瑞玉。

反过来说，新砦文化的玉璋虽然是二里头式的祖形，但在新砦文化阶段王权和宫廷礼仪还不成熟，所以依然是被用作祭玉。因此不能仅仅因为有玉璋出土，就过早地认为新砦文化时期已经建立了王朝国家。

王都的形成

近年来，在许宏带领下的中国社会科学院考古研究所二里头工作队，正全力以赴进行二里头遗址整体空间结构的考古调查。结果表明，二里头一期的面积为 150 万平方米，比新砦遗址大一倍，到二里头二期时，进一步扩大到 300 万平方米。另外，在遗址中央有以网格形式相交分布的笔直道路，中央还建造有宫殿。到了二里头三期，宫殿区的四周被土墙包围。这是用夯土版筑而建筑的土墙，宽 2 米左右，不像城墙那样坚固，但形成了东西 295 米 × 南北 370 米左右的长方形宫城，西南部的 1 号宫殿东壁约 150 米处还建造了 2 号宫殿（图 51，《考古》2004 年第 11 期、《文物》2005 年第 6 期）。沿着宫城南壁延伸的南大路南侧有二里头四期的土墙，分布有铜器铸造作坊和绿松石加工作坊等。南大路的宽度达到 18 米。

即使在龙山文化时期也有像陶寺遗址那样带有巨大城壁的城址。但是，以网格状直线性的道路划分，用土墙围起整齐的长方形宫城，以同一方向建造宫殿，这些是从二里头遗址才开始的。同时也标志着中国城市规划以宫城为核心的开始。

1 号宫殿是拥有两层屋檐的宏伟建筑，附带有可以容纳 1000 多人的大庭院和三条通路的南大门，所以被认为是王召集臣下举行朝会仪式的场所。门前有一条长达 10 多米的坡道，推测平时人们主要是从南侧的这条大道出入宫殿的（本书第 107—111 页）。宫城的发现证实了

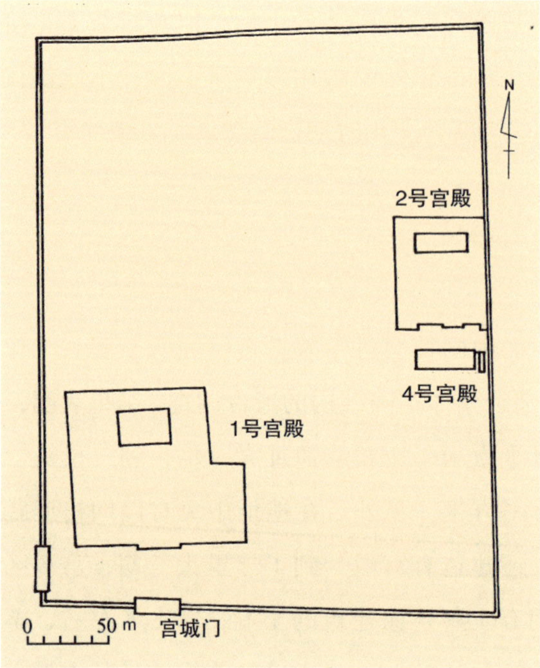

图 51　二里头遗址的宫殿

这一点。在 1 号宫殿南 40 米处有宫城的南壁，发现了相当于宫城门的长方形基址，如果以北京的紫禁城来比喻的话，它就相当于是天安门。1 号宫殿应该是通过这个宫城门和南大路与外面世界连接的“外朝”，也是王接见臣下，以表现目视可见的君臣关系的宫廷礼仪场所。

与此相对，与宫城东壁相邻的 2 号宫殿位于宫城的内侧。版筑基址的大小是 1 号宫殿的四分之一，门的通道也只有一个。而且在 2 号宫殿南 14 米的地方同时建造了东西 36 米 × 南北 13 米的 4 号宫殿，附近的建筑物相当密集。这里靠近王的居所，应该是以王族为中心进行王室行政和礼仪的内朝。

这样，以二里头二期的都城区划为基础，二里头三期建筑了规整的长方形宫城，设置了向外开放的 1 号宫殿的外朝和执行王室行政的 2

号宫殿的内朝，宫城的功能开始分化。这显示着二里头三期正处于王朝体制完善期及具有中国文明特征的王都建立期。

虚构的“大墓”

2 号宫殿的正殿和北墙之间有一个面积达 22 平方米的东西向的“大墓”，虽然由于盗掘殉葬品均已丢失，但是报告称这是二里头文化中规模最大的墓（图 52）。因为它位于穿过南门的中轴线上，所以也有人认为它是与 2 号宫殿同时建造的始祖王墓。但是，盗掘坑的大小只有直径一米左右，墓中的棺材痕迹、人骨、殉葬品等却都未发现，这显得有些不同寻常。我在《中国古代墓葬的动物牺牲》（《东方学报》京都第 74 册，2002 年）中，列举了对此墓的几个疑问点，认为很难确认这是一座墓葬。但在 2003 年版的原作中则完全没有涉及这个“大墓”，这是因为我不想给读者带来无端的混乱。

之后，参加二里头遗址发掘调查的李志鹏发表了《二里头文化墓葬研究》（《中国社会科学院古代文明研究中心通讯》第 10 期，2005 年），二里头工作队于 2002 年重新发掘了这座“大墓”，正如我所指出的那样，非墓葬的可能性更高了。由于是同一考古发掘队的再次发掘，“大墓”的说法可能暂时不会被正式取消，但我相信它迟早会从二里头文化的讨论中消失的。到目前为止，国内外大部分的研究人员将报告书囫囵吞枣般，不加甄别地使用，以此论述这座墓葬的阶层性。即使我在论文中对“大墓”提出了质疑，但是多数研究者还是设想拥有强大王权的“大墓”才适合拥有发达的宫殿、青铜器、玉器的二里头文化，因而构建了这种沙地上的楼阁。

与用石头和砖做成的纪念碑不同，发掘土质建筑物的遗址是非常

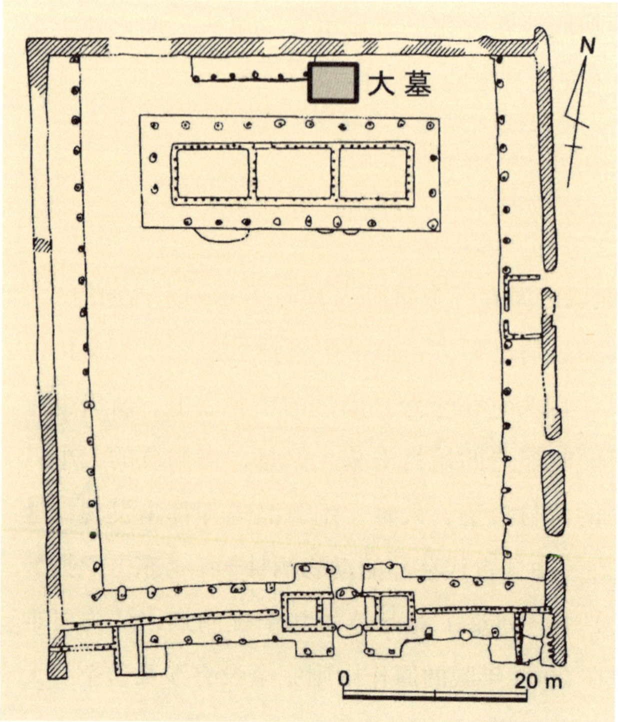

图 52　二里头遗址 2 号宫殿平面图

难的事情。根据土质的颜色和硬度的不同进行挖掘，无论经验多丰富，判断失误都是在所难免的。我相信“大墓”也是因为这样的失误而产生的，但是 20 多年都没有发现这一错误，对考古学信赖的恢复也许还需要时间。

王朝的黎明

到了二里头二期，二里头遗址的中心地区出现了呈网格状的笔直道路，并在其中心区域建造了宫殿。在 2 号宫殿的下层发现的 3 号宫殿是由三组以上相互连接的院落构成的，拥有东西 50 米 × 南北 150

米的巨大规模（《考古》2004 年第 11 期）。在这个庭院里发现了与宫殿同时期的墓葬，在 2000 年的发掘中清理了 5 座。从 1 号、3 号、5 号墓中各出土了一件具有长江中游石家河文化特点的玉器，5 号墓中出土了原始瓷质的灰釉陶壶。灰釉陶器最早出现于商周时代的长江流域，因而这是中原地区年代最早的出土例子，从其器表装饰的印纹来看应该是从长江流域直接输入的。

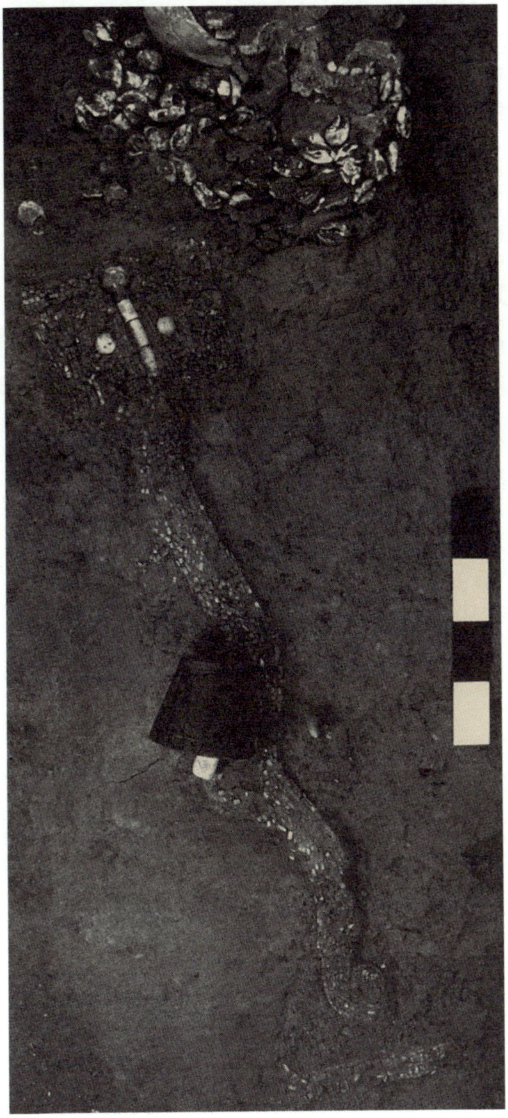

图 53　二里头遗址 3 号宫殿里的 3 号墓出土的绿松石龙形器

南院中庭的 3 号墓是长 2.2 米、宽 1 米的竖穴土坑墓，埋葬着一位 30—35 岁的男性。在随葬品中，最受关注的是镶嵌了 2000 多片绿松石的龙形器（图 53，杜金鹏、许宏编《偃师二里头遗址研究》，科学出版社，2005 年）。随葬在墓主身上的龙形器长 64.5 厘米，龙头的四方形脸上用白玉表示鼻梁和双眼，身体呈波浪状弯曲，尾部缠绕。龙形器的中央有一个带着玉舌的铜铃。另外，墓主的颈部有 90 多个带孔的海贝，头部出土了三个被称为斗笠状白陶器的饰品（《考古》2005年第7期）。白陶旋涡状的奇特造型应该是仿照蝾螺等南海产的海贝类的螺塔部分。由此推测这种斗笠状白陶装饰品应该是仿照与该墓中出土的90枚南海产的海贝一起运到二里头的蝾螺创作出来的。

在2005年的偃师会议上，这个龙形器成为讨论的热点话题。在中国，龙是王权的象征，其中以禹、启为首，夏王与龙的联系很紧密，因此有人提出了随葬龙形器的墓主可能是王或王近侧祭司的说法。但是，这座墓在二里头文化中并不突出，不能断定是王墓。倒不如说，5号墓的灰釉陶器是二里头文化中第一次发现，南海产的海贝数量的增多是从二里头三期开始的，二里头二期还只是很少的一部分，90多枚海贝在二里头文化中非常突出，而海贝也曾被运到夏家店下层文化，相反铜原料有可能是从夏家店下层文化传入二里头文化，这一点值得关注。也许埋葬在3号宫殿院子里的墓主，正是主导这些对外交流的有权者。从商周时代海贝成为价值最高的赏赐品来看，也许能说明二里头文化时期掌握着远距离交易的有权者的地位越来越高，到了二里头三期，由此诞生了集中政治和经济权力的王权。

王朝的灭亡

夏王朝到商王朝的更替，一般认为是从偃师城二里头四期筑城时开始的，对此一些学者指出这似乎仅仅是为了对应二里头文化到二里冈文化陶器形态变化而得出的结论。（本书第89—93页）为此，有的学者除观察陶器形态变化外，也开始综合观察二里头遗址诸多遗迹现象的变化来考察夏王朝的灭亡。

2005年在偃师会议期间，我参观了正在发掘中的宫殿遗址，清楚了二里头遗址直到二里头四期，宫殿的建造仍在继续，即使在夏王朝灭亡的二里头四期后半期，2号宫殿的北侧还建造了6号宫殿，在其西邻建造了11号宫殿。6号宫殿的规模是东西58米 × 南北50米，和2号宫殿一样利用了宫城的东墙，东西的长度和2号宫殿一样。另外，在宫城外的南大路上有建于二里头四期的10号宫殿，面积为东西20米 × 南北9米（《中国社会科学院古代文明研究中心通讯》第12期，2006年）。在我亲眼看过6号宫殿遗址的印象中，其夯土不像1号、2号宫殿那样坚固，建筑布局也不对称，宫殿的营建似乎没有规则。

此外，二里头四期后半期还营建了环绕宫城南部手工业区的土墙。东墙部分利用了二里头二期的土墙，宽约2米，是在深挖到地下基槽部再进行的夯土建筑，比宫城还要精致（《考古》2005年第7期）。在手工业区的一角有一个绿松石的废料坑，其中有数千个有研磨和切削痕迹的石材、废料及半成品堆积。绿松石是用来镶嵌兽面纹铜牌和龙形器的重要材料，在废料坑附近有从二里头二期延续到二里头文化晚期的绿松石加工作坊。

另一方面，作为王朝中心的1号宫殿在二里头四期遭到破坏，因而被认为是受到商人的攻击而毁坏的。但是，二里头工作队的许宏再次研究了报告书后认为较晚时期的灰坑大部分都在基址外，基址上的灰坑有可能是宫殿使用时期的祭祀坑。如果是这样的话，即使到了二里头四期，1号宫殿的礼仪也还在延续。

正如前文中所指出的那样，二里头遗址一直延续到二里冈文化时期。这里是夏王朝的王都，即使夏王朝被商王朝打败，一般的夏朝百姓也还应该继续生活在这里。近年来的调查表明，夏王都避免了由政权交替造成的破坏，城内的贵族们也基本上放心地生活在这里。青铜器和绿松石等奢侈品的生产也并没有间断。但是，作为夏王都城，其荒废是迟早的事情。进入二里冈文化后，新的宫殿建筑就此消失，到二里冈文化晚期这里已经是人烟稀少了。

不过，也有可能二里头四期后半期建造宫殿和手工业区土墙的不是夏人，而是征服者商人。特别是这里的绿松石、青铜器作坊，都是当时最先进的手工业门类，有可能商人就地接收了这些手工业作坊，更换了管理者后继续生产。另外，以后面将要讨论的郑州城遗址战士墓为例，青铜器从二里头文化到二里冈文化，在继承二里头文化传统工艺的同时，还创造出商人喜欢的铜鬲等新容器，由此可以看出商人是接收了二里头的手工业作坊进而持续生产的。因此不仅仅要看遗址中的遗迹，综合分析所有的遗迹与遗物状况应是今后的研究课题。

与东方势力的对决

平稳局势持续到二里头二期为止，到了夏王朝成立的二里头三期，不同集团之间的关系陡然紧张。弓箭的箭头剧增，二里头遗址中还发现了大量被暴力杀害的尸骨。根据《竹书纪年》，夏王朝从相王时代开始就积极推进东方战略。即使无法确定其真伪，但人们也承认，二里头遗址的夏王朝是被东方势力商王朝所摧毁的。有关二里头势力向东方扩展令人注目的线索，是在郑州市西北部发现的大师姑遗址和太行山南部发现的辉县孟庄遗址。

大师姑遗址是郑州市文物考古研究所于2002年发现并发掘的(《郑州大师姑》，科学出版社，2004年)。其城郭呈不规则长方形，是一座东西900米 × 南北600米，面积大约51万平方米的城址，二里头三期聚落形成同时就开始筑建城址，二里头四期呈现出城郭的功能。因为出土的陶器风格完全属于二里头文化，所以推测这里可能是二里头势力之下的军事用城郭。这一城址距离二里头遗址约 70 公里，报告书关于城址的性质给出了两种解释，一是夏王朝设在东部的军事据点，二是附属于夏王朝的地方政权。后一种解释大概是根据商汤王灭夏前进攻过“韦”或“顾”的记载而来。

而辉县孟庄遗址是一座营建于龙山文化晚期的城址，其东西 340 米 × 南北 375 米，呈不规则长方形。曾在二里头三期增扩夯土墙，二里头四期时遭到毁坏（河南省文物考古研究所编《辉县孟庄》，中州古籍出版社，2003 年）。因为距离二里头遗址超过 100 公里，而且陶器的风格除二里头类型外还有很多本地的辉卫型和漳河型陶器，所以发掘者袁广阔认为此城郭由当地势力所建造，并和二里头遗址同时遭到商人的攻击而毁灭。

位于二里头文化东部的大师姑和孟庄，都是在二里头三期营建城郭，又都在二里头四期遭到毁坏的。在迄今所知的资料里，东部地区拥有城郭的二里头文化遗址仅有这两座（新增加了望京楼城址，译者注），因而对探索二里头势力东扩战略来说无疑具有重要的意义，暗示着二里头文化在王朝建立的同时与东方势力便开始对峙，最终被这些势力所消灭。

郑州城遗址的战士墓

发现于河南省郑州市的二里冈文化巨大城郭，是与偃师城遗址几乎同期建造的商王都。内城郭为东西 1700 米 × 南北 1870 米，在大约 1 公里的外围还有一个外城郭，比偃师城遗址的规模更大。郑州城遗址和偃师城遗址是在商前期同时存在的两个王都，其中郑州城遗址是作为王朝的首都位于商的本土，而偃师城遗址则是作为西部被征服地区

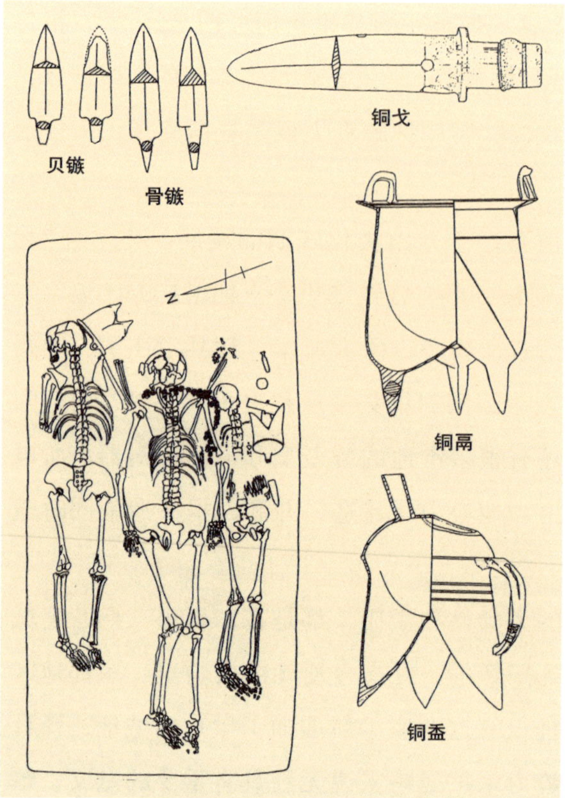

图 54　郑州城遗址战士墓 T166M6

的中心而存在。后来西周王朝在其本地的关中建立了王都丰镐（宗周），又在洛阳（成周）建立了另一王都作为新征服地区的东部据点，应该是仿照了商早期的做法。

郑州城遗址内城的东北部是宫殿区，其下层是一个与二里头文化同时期的大型建筑遗址。在此发现的墓葬（T166M6）是一个头朝东的竖穴式土坑墓，为三人合葬墓（图 54，《文物》2003 年第 4 期）。中间是一个体格健硕的成年男性，北侧是一个约 20 岁的女性，南侧则是一个约 10 岁的男孩。中间的男性应该是墓主，而两侧则为殉葬者。这种合葬墓在北方的鄂尔多斯地区有先例。在这个墓葬中，除了有 43 件成捆的骨镞、贝镞和铜戈外，还有鬲、盉等铜器随葬。铜鬲高 25 厘米，是模仿了当地陶器形状而制作的，铜盉高 23 厘米，则是模仿了二里头文化的同类陶器。墓葬的时代为二里头四期或二里冈前期。

直到商晚期，贵族才开始乘着战车使用铜质武器作战，而之前则多是以步兵为中心的集团性作战方式。首先，从远处用弓箭集中射击，对敌人造成一定伤害后，再进行近距离作战，用钺等短兵器来刺伤敌人。即使在二里头文化时期，弓箭仍然是进行实战的主要武器，出土最多的武器是箭镞（本书第 142—144 页）。特别是二里头第三期出土的箭镞数量急剧增加，显示战争已经变为常态，但是所有的箭镞都是从文化层中出土的，用骨头和贝壳制成的箭头占了 90%以上。到了二里头三期，戈、钺等仪仗用的铜质武器开始出现在墓葬中，而实际战斗中经常使用的箭镞并未在墓葬中出现过。

像郑州城遗址这种将箭镞成捆地随葬于墓葬中的做法在二里头文化中是首次。一个体格健壮的成年男子，有两名年轻的随葬者，并随葬有二里头遗址没有先例的鬲和盉，与其说墓主人是一位熟悉宫廷礼仪的贵族，不如说他可能是一个勇敢的战士。贝塚茂树（1904—1987）曾称商－西周王朝为“战士国家”（「中国の古代国家」，『贝塚茂樹著作集』第 1 卷，东京：中央公论社，1976 年）。商王朝在郑州和偃师建起了二里头文化时无法想象的大规模城址，即使在控制了二里头文化的势力之后，仍远征山西南部和长江中游地区并在前线建立作为统治据点的小型城郭，可以说商人从一开始就具有很强的“战士之国”的风格。在郑州城遗址宫殿区随葬有大量箭镞的人很有可能是与夏王朝交战过的战士。

王朝形成的考古学

有关夏王朝的记载，上博楚简《容成氏》与以《史记》为代表的其他古典书籍不同。但是，由于它也是在战国时代编写的，因此即使把它作为研究诸子百家思想的新材料，也很难成为证明夏王朝存在的历史资料。

暂且不论发现于嵩山南部的新砦文化被视为具有传奇色彩的禹与启的遗产，在中国，越来越多的学者认为夏王朝是在这个阶段建立的。这是因为新砦遗址有70万平方米的城壁和大型建筑，尽管残缺不全，但也发掘出土了铜器和玉器的碎片。但是，在龙山文化时期其他一些城址和建筑基址的规模甚至更大，并且还出土了刻有精美纹饰的玉器和合范铸造的空心铜铃。如果说城郭、宫殿、铜器和玉器是王权的标志，这些均在早于新砦文化之前的龙山文化时期就已经出现，因此很难将这一时期视为建立王朝的具有划时代意义的开端。

另外，越来越多的日本学者认为夏王朝是在二里头二期诞生的。这是因为除了有铜铃、嵌绿松石铜牌饰和各种玉器，在二里头遗址二期还发现了呈网格状的街区和拥有庭院的3号大型宫殿。笔直的街道代表城市萌芽的出现，而带有庭院的宫殿则带有中国文明特征。毫无疑问，二里头文化的王权特征远远超过了龙山文化和新砦文化。但是，这些只不过是将发掘者的见解不加思考地翻译而已。作为非当事人，我们应该做的是从另一个角度来研究宫殿、铜器和玉器的使用方式，它们在当时社会中的运作方式，以及这种社会是否应被称为王朝，并使其得到验证。换句话说，出现在二里头二期的柄形玉器是作为有神依附的祭玉，同时这一时期还使用了许多新石器时代的古玉。尽管也有铜质装饰品，但用于宫廷仪式的铜质酒器尚未出现。可以肯定的是，二里头二期已经向王朝的建立迈进了一大步，但我认为它还没有达到成熟的阶段。

二里头三期时筑建了宫城，包括沿着南大路的 1 号宫殿和与其东墙毗邻的 2 号宫殿。2 号宫殿是在二里头二期建造的 3 号宫殿之上修建的，并继承了执行王室管理和仪式的“内朝”功能。而王朝成立的标志并不是“内朝”的建立，而是作为聚集下属执行政务和仪式并确认诸侯之间关系的“外朝”。可以明确 1 号宫殿作为“外朝”的一个证据是其在南大路上的宫殿内部的布局。而且，宫廷礼仪用的瑞玉和铜质酒器在这一时期开始出现。如果说祭玉是祭祀的时候神与人之间的一种交流载体的话，那么瑞玉则是王与贵族们在朝廷上作为社交礼仪的一个载体。我之所以同意二里头三期是王朝的诞生时期这一观点，是因为在这一阶段可以将许多没有血缘关系的部落集团聚集在一起的“外朝”出现了，以及可以将贵族们融入社会规范内的宫廷礼仪也确立了。

二里头时期王朝的诞生引起了与周边地区的冲突。一方面，二里头三期时在二里头文化东部的大师姑和孟庄营建城址，而西部的山西省东下冯遗址也发现了属于二里头三期的围绕着聚落的双重壕沟。此外，这一时期，无论是二里头遗址还是东下冯遗址，作为武器的箭镞数量激增，显示出王朝周边的紧张局势加剧。其中，在华北平原势力得以扩大的商以郑州为大本营，开始与二里头权力对峙。在郑州城遗址宫殿区发现的二里头四期的墓葬可以将其与商人的英勇战士联系到一起。在商人的进攻下，大师姑和孟庄城郭相继被摧毁，商则在郑州和偃师建造了巨大的王城。偃师城遗址位于二里头遗址以东 6 公里处，可以想象它是作为控制二里头军队而建的要塞阵地。另一方面，二里头王都的宫城周围却仅有约 2 米宽的脆弱土墙环绕，这与偃师城的坚固性根本无法比拟。根据《容成氏》的记载，商人从北门冲进了城郭，而夏王桀则毫无抵抗慌忙逃走了，不管其真伪如何，王都似乎在没有受到任何伤害的情况下沦陷了。根据最近的一项调查，二里头遗址的营建一直持续到二里头四期末，甚至在偃师城遗址建成之后，铜器和玉器的生产仍在继续。然而，到了二里冈文化时，二里头昔日的繁荣便开始消退，并逐渐被废弃。

在过去数年中，对二里头王朝开始的第二期和王朝交替的第四期的考古发掘调查已经取得了很大的进展，进一步明确了以黄河中游为舞台的中国第一个王朝的兴衰过程。尽管中国考古学在政府和学术界的努力下正在稳步发展，但有必要根据放射性碳素断代对“夏商周断代工程”的时间顺序进行重大修订，也有必要对人们20多年来深信不疑的2号宫殿的“大墓”进行重新发掘，以此来纠正因急于求成而得出的一些先入为主的误导和误解，若不如此，则会妨碍今后的研究。例如将一些遗址与传说中的禹和启相联系的解释，根据古典书籍所记载的内容进行的考古学文化划分等。作为身处海外的一个“旁观者”，我想尽量不被一些“新发现”牵着鼻子走，而是更加清醒和自律地遵循研究方法。

《夏王朝——中国文明的原像》中文版后记

本书的日文初版是2003年由日本讲谈社出版的『夏王朝——王権誕生の考古学』(《夏王朝——王权诞生的考古学》)。2007年，讲谈社学术文库在增加了“辅论”并修改了副标题之后以『夏王朝——中国文明の原像』(《夏王朝——中国文明的原像》)再版发行。目前，在我门下留学并取得博士学位、任教于复旦大学的秦小丽教授和大象出版社刘东蓬编辑、杨倩编辑的努力下，本书的中文版得以出版发行，甚感欣慰。同时，在本书的翻译、出版过程中，也得到了陕西省文物保护研究院姜宝莲女士以及中国社会科学院二里头工作站诸位先生的帮助，在此，对他们表示衷心的感谢。

从本书的再版到现在，也已过去了十几年，这期间，中国考古学无论在新发现上还是在研究上都取得了长足的进步。特别是在本书中心内容夏王朝都城——二里头遗址的新发现方面，尤其值得一提的是由许宏先生主编的《二里头（1999—2006）》得以出版，这一书中囊括了大部分二里头遗址发掘的新资料。其中有关动物考古等的新成果，在 2020 年由上海古籍出版社出版的拙著《中国文明：农业与礼制的考古学》（陈馨译，秦小丽校）的“中文版后记”中有所触及，但是我在之后撰写拙著『東アジア古代の車社会史』（《东亚古代车的社会史》，日本临川书店 2021 年出版发行）的时候，注意到牛与车的相关内容，特别是牛车与王权的关系，并有一些新的发现与思考，在此，我想把这部分内容作为本书的后记讨论如下。

（1）牛的家畜化

在中国新石器时代的农业社会，人们的动物蛋白来源，无论在南方还是北方都主要依赖于家猪以及通过狩猎和捕鱼来获取，牛的家畜化是公元前 3000 年以后才完成的。甘肃省傅家门遗址是一处属于马家窑文化的遗址，这里出土了用牛的肩胛骨做成的卜骨，上面刻有“S”形的记号，由此可以推测牛的家畜化大概是从公元前 2600 年开始的。位于黄土高原的陕西省神木县的石峁遗址是一处公元前 2000 年左右的遗址，从中出土了至少 19 头牛的遗骨，在所有哺乳类动物中占比为 13%，通过对其 DNA 的分析研究，可以判明这些是源于西亚的家畜牛。另外，在对其中 10 头牛的下颚骨进行分析时，通过下臼齿发育程度来推定其死亡年龄，发现其中下臼齿 M1（第一臼齿）刚刚萌出的幼牛占 10%，下臼齿 M3（第三臼齿）萌出的成年牛占 50%，下臼齿 M3 已磨损的老年牛占 40%，基本上都是成年以上的牛。从年龄的构成上来看，与大多为 2 岁以下的绵羊、山羊、猪等家畜不同，报告者推测这些牛是用作犁耕，其着眼点主要是在下臼齿 M3 的萌出与磨损，但是从目前来看，当时牛被用于犁耕的考古学证据尚不存在。因此我认为这些牛直到老年都一直被用于运输工具的可能性应该更高。

在与石峁遗址几乎同时期的内蒙古朱开沟遗址出土了至少24头牛骨，占全部哺乳类动物的22%。对其中14头牛下颚骨的分析显示，下臼齿M1萌出月龄约6—14个月的牛占21%，下臼齿M2萌出月龄为14—26个月的牛占21%，下臼齿M3萌出月龄在26个月以上的牛占了57%，与石峁遗址牛的年龄分布很相似。由此可以看出，在黄土高原一带，牛的家畜化应该是在羊的家畜化稍后的公元前2000年前后，其主要作用与用作犁耕相比，用作搬运东西畜力的可能性更高。

在位于华北平原河南省东部的中原龙山文化遗址中发现有很多牛的埋葬坑。比如，在周口市淮阳区平粮台城址有一处边长为185米的小型聚落城郭遗址，城壁建造于平粮台城址第三期，在第四期（龙山文化后期）时遭到破坏。在城郭的西南部有一个不规则形、属于第四期的灰坑H53，从中出土了一大一小两头牛的全身骨骼。2014年再次发掘时，除出土了4头黄牛的全身骨骼以及用肩胛骨做成的卜骨外，还在南城门内的早期路面上发现了车辙的痕迹。另外，从柘城县山台寺遗址的龙山文化圆形坑中出土了9头整牛和一只鹿的头骨，因为一部分牛骨留有肢解的痕迹，所以发掘者推断这应该是一个祭祀坑。山台寺的9头牛和平粮台城址的4头牛都是被作为祭祀的牺牲埋葬的，从这一点可以推测在华北平原，牛的大规模饲养大概是在公元前3世纪末逐渐扩大的，换句话说，当时权力阶层利用牛的群居特性开始对牛进行集约化饲养与管理。

到了公元前2世纪上半叶，位于河南省郑州市西的洛达庙遗址，是一处早于商早期郑州商城的据点型聚落遗址。在属于洛达庙一期（二里头二期）H246的长方形坑中出土牛1头，三期（二里头四期）的H352中出土无头的成年牛1头，同时期的H343则出土羊5只和牛3头。从年龄来看，H343的5只羊中，成年的羊有4只、小羊羔有1只，

3头牛中，成年的牛有2头、小牛犊有1头，小牛犊是从成年牛的下方出土的。这些牛和羊是死后丢弃在这里的还是曾做祭祀的供品而埋葬的，因为没有更为详细的信息而难以判断，但把同为食草性的牛和羊集中一起埋葬则是首次发现，这一点值得关注。

黄河中下游的龙山文化到二里头文化遗址，其动物遗存构成都是以猪为主的（参照本书的第五章）。即使是作为王都的二里头遗址用作祭祀的动物遗存也是猪、羊、狗的顺序。相比之下，洛达庙遗址出土牛的数量可以说相当可观。早于洛达庙的龙山文化时期，在河南省东部的两处遗址中也有多个牛葬坑发现，继洛达庙之后，商早期的郑州二里冈遗址的牛骨比例达到了57%，由此可见，在地处华北平原的郑州地区，牛和羊的专业化畜牧业很可能从公元前2世纪的上半叶就开始了。

由于中国的南、北方地区都有原产的牛，所以曾认为这些牛是在当地被独立驯化的，但通过对公元前3世纪后半叶至公元前2世纪前半叶的山西省陶寺、河南省二里头、青海省大通长宁、内蒙古自治区赤峰大山前遗址和新疆维吾尔自治区罗布泊小河墓地出土牛骨的DNA分析，结果显示这些牛的遗传系统除了本地系统，还有其他3个系统，即新疆—西北地区—中原的T2链，由近东地区进入中国广域地区的T3链，以及欧亚草原—东北亚—中原的T4链。石峁遗址和山西南部的陶寺遗址属于T3、T4系统，属于夏家店下层文化的赤峰大山前遗址和中原的新砦文化、二里头文化、二里冈文化则包含了T2、T3、T4所有的系统。而更早的龙山文化时期的牛，虽然其源头尚不清楚，但如果认可以上科学检测分析结果的话，可以认为家畜牛是在公元前3世纪末由西部分别传入黄土高原地区、辽河上游地区和华北平原，并在各个地区逐渐稳定下来的。

（2）车辙的发现

前述的河南省平粮台城址，近年来在其南城门内的早期路面上发现了一处长约3.3米的车辙痕迹。辙的槽宽为0.10—0.15米，槽深为0.12米，两个槽的间隔（两轮之间的间距）为0.8米。根据对路面上散落的有机物样本进行放射性碳素断代测定，此车辙距今应有4200年以上的历史。城郭在南、北、西三面都有城门，连接南、北城门的中轴道路宽为6—7米，路面用细密的白色砂土加固覆盖。

在二里头遗址，沿着宫城的四边设置有笔直延伸的网格状道路。其中，在宫城的东侧发现了长度为666米的道路，在早期（二里头二期晚段）时修造了宽约20米的大道，但到晚期（二里头四期晚段）时，道路的宽度缩小到10米左右。这表明，开始时为了筑建宫城而修建了一条宽阔的道路，但在二里头文化末期王朝衰落时，一半宽度的道路就足够了。在宫城南侧的属于早期的路面上发现了一段长约5米的车辙，其宽度为0.30—0.36米，深为0.09—0.14米，两车槽的间距为0.9—1.0米。

另外，在与二里头文化同时期的属于下七垣文化（先商文化）的河北省邯郸市薛庄遗址中，发掘出一段辐宽1.4米、长度为8.6米的道路。路面上发现有车辙，其槽宽约为0.30—0.32米、槽深0.12米，二槽的间距约1.1米。虽然遗址的性质尚不明确，但从路宽仅1.4米这一点来看，这很可能是一条农村的普通道路。如果确实如此，这应该是判断先商文化中牛车普及程度的一个重要资料。

再来分析二里冈文化的遗迹。河南省偃师城遗址东北部的北城墙内（1996–1997YS Ⅱ T11）有一条沿着城墙的道路，在位于第4层的路面上发掘出一段长约14米的车辙痕迹。车辙槽宽0.2米，槽深很浅，只有0.03—0.05米，二槽的间距约1.2米。尤其是车辙的两侧发现了一些不规则的小凹坑，考古发掘者曾千方百计地想探查其是否为拉车的动物蹄印，但似乎并没有得到满意的答案。路面第 4 层的建造与偃师城大城遗址的建造基本上属于同一时期，即二期前段，沿着城墙的内外两侧均有道路，且路宽达 10 米左右。

河南省新郑市望京楼遗址位于郑州市南边约 35 公里的地方，在二里头三期时营建了城郭，到了二里冈文化时期又建造了东西 624 米 × 南北 590 米的呈菱形的内城。城内有 4 条呈“井”字形的笔直道路。位于南城墙的东侧城门已经发掘出来。这里发现了 4 组车辙，车辙间距均在 1.05—1.10 米之间，槽宽 0.09—0.18 米，槽深 0.04—0.08 米。

花园庄南地遗址位于商晚期的都城殷墟小屯以南，这里发现的一个长径约 39 米的浅灰坑 H27 中出土了近 30 万块兽骨。其年代为殷墟第三至四期，其中 98% 以上为牛骨，多为不适合做骨器的头骨、下颚骨、牙齿、脊椎骨、肋骨、大腿骨等，且多为碎骨。考虑到从其相邻的小屯南地和花园庄东地都有大量卜骨出土，发掘者推测这里应该是把可用的牛骨以及用于卜骨的肩胛骨去掉之后没用的牛骨废弃坑。在坑的埋土上面发现了 14 条车辙痕迹，槽宽 0.10—0.15 米，槽深 0.05 米，底部的横截面为半圆形，车辙痕迹最长为 19.3 米，最短约 2 米，两轮的间距为 1.5 米。花园庄南地位于小屯的宫殿、宗庙区的大沟内侧，这里是与王室关系密切的一个群体活动居所。因此，这里发现的车辙很可能是被用作运送王室礼仪物品的牛车留下的痕迹。

从以上各个时期车辙的间距可以看出，中原龙山文化的平粮台城址为 0.8 米，二里头文化的二里头遗址为 0.9—1.0 米，二里头文化同时期的邯郸薛庄遗址约为 1.1 米，二里冈文化的偃师城遗址约 1.2 米，望京楼遗址为 1.05—1.10 米，商晚期的花园庄南地遗址为 1.5 米，时间越晚，车辙的间距越宽。这也许是因为造车技术的发展，使得即使车辙间距加宽了也不会轻易损坏，已经拥有了改造可以承载重物的大型车身的技术。顺便提一下，从殷墟出土的马车的车轨间距一般在2.2—2.4米之间，比花园庄南地出土的载重牛车要宽50厘米。目前尚无证据显示在龙山文化至二里冈文化期间有饲养马的证据，所以李安敦（Anthony Barbieri-Low）教授认为这种窄轨车可能是一种被称作“辇”的人力车。然而，如前文所述，根据DNA分析，黄牛来自西部和北部，在华北平原的平粮台城址又发现了被用作祭祀的黄牛和车辙，所以这些车辙极有可能是牛拉的载重车留下的。

另外，从遗址中出土的牛的死亡年龄来看，下臼齿M3萌出月龄在26个月以上的牛在所有牛中的占比，石峁遗址出土的牛占90%，朱开沟遗址出土的牛占57%，二里头遗址出土的牛占56%。跟家猪多在乳猪时即被宰杀吃肉不同，牛的饲养显然不是为了肉食，而是作为搬运和拉车的劳力使用。通过对二里头遗址食物的分析可以发现，当时的牛不是放牧饲养，而是在聚落里圈养的，这也从另一个侧面证明了养牛是用来拉车劳作的结论。

到了商晚期，甲骨文中出现了表示牛拉车的“牵”字。甲骨文的“”字由“牛＋回＋糸”组成，像是在牛鼻子上系着一根绳子，寓意将绳子系在牛鼻子上拉车，此后“牵”是作为一个动词来使用的。殷墟卜辞记载，高祖王亥是曾养过牛的，曾被称为“仆牛”“服牛”和“牵车牛”（《尚书·酒诰》）。宋镇豪还根据武乙期的甲骨文“丁亥卜，品其五十牵”（《甲骨文合集》34677）和“戊子卜，品其九十牵”（《甲骨文合集》34675）推测当时可能有同时动用50辆、90辆牛车的情况。

在殷墟武官村北地发现的120个祭祀坑中，属于殷墟早期的祭祀坑中埋葬的主要是牵拉战车的军马，但在M19祭祀坑中还埋葬有2头戴着铜铃的牛。如果这两头牛牵拉负责运输物资的大车的话，则表明当时不但有马车，还有 2 辆跟马车一样的单辕牛车。

在美索不达米亚苏美尔人的早期王朝时代即公元前 2600 年左右的乌尔王墓中出土了一枚 4 头亚洲野驴拉着一个四轮战车的徽章，其中乌尔 PG789 号墓中出土了一辆车体宽 0.50—0.56 米、车轮径 0.6—1.0 米的小型牛车。两者都是板车轮的单辕车。到了公元前 2000 年，亚美尼亚的鲁查申墓地出土了用于 2 头牛的轭、“A”字形的辕和拥有板车轮的两轮牛车及四轮牛车。车轮直径在 1.1—1.7 米之间，小的为 0.6 米。这些牛车与拥有辐条轮的车同时出土，表示当时这两种车同时使用，一种是可以高速行走的有着较为轻便的辐条轮的马车，另一种则是可以载重的拥有较为结实耐用的板车轮的牛车。

综上所述，黄河中游的龙山文化时期，牛和车几乎是同时出现的。牛的家畜化和牛车的使用应该是从西部的欧亚大陆首先开始的，中国出土的牛骨 DNA 分析显示牛是从西方传入的，从石峁、朱开沟和二里头遗址牛的死亡年龄分析则显示这些牛是作为劳役来使用的，所以作为运输工具的牛车也极有可能是从西方传入的。

（3）牛车的出现与国家形成

自新石器时代以来，分户饲养猪的传统便已经在中国农村形成与推广，黄河中游的龙山文化又将这一传统扩大到了牛的饲养。牛作为一种食草和群居动物，与人们饲养猪之间并不存在竞争与冲突的关系，所以当权者将其集中管理，分工合作。然而，大量牛的饲养需要大量的饲料，统治者便开始从人们那里征收植物蒿草并将其作为税收的一种形式，最终形成了国家对牧场征税的模式。以此方式养牛引起了社会与经济阶层分化，从而促进了国家的形成。

另一方面，正如《周礼·考工记》所说的“一器而工聚焉者，车为多”，车的生产制造需要高超的木工技术和组装大量的部件。据推测，传入龙山文化的使用板车轮的二轮车或四轮车，虽然与商晚期引入的使用辐条车轮的马车相比在构造上要简单一些，但仍需要有相当熟练的技术。而这些造车技术工人很可能由一部分当权者所控制并独自占有。

中原龙山文化发现的这些牛和车的用途究竟是什么？目前，虽然只是在一些路面上发现了车辙痕迹，但无论是在中原龙山文化的平粮台城址还是二里头文化、二里冈文化中，车辙发现的地方均与城郭或宫城相邻，所以推测这些都与城郭或宫室的营建工程有关。特别是在早期王朝的都城二里头遗址中，发现车辙的道路宽达 20 米，营建于二里头二期后半段，而宫城和大型宫殿便在其后的二里头三期建成，所以可以推测牛车应该是用来搬运修造宫城所需要的建筑材料的。而且，在二里头四期，随着王朝的衰落，道路的宽度也缩到了 10 米左右，2 倍宽度的早期道路极有可能仅仅是为了建造宫城而修建的。比如，二里头 1 号宫殿的基址大小为东西 107 米 × 南北 99 米，为了夯实这个基座，往下挖了 1—2 米到硬土层，又在地面上垫了 80 厘米的土。这一土方量大约为 2 万立方米，如果用牛车来运，比起完全依靠人力，土木工程的效率无疑会高出很多。牛车的出现导致了王权的加强，进而加速了国家的形成。

另外，随着牛车的出现，长途贸易变得更加活跃。像一些比较小的奢侈品，比如新石器时代开始就作为宝贝的南海产的海贝等完全可以由人带来带去进行流通，但是像铜原料、绿松石原石等这些重的东西仅靠人力是难以携带的。在二里头遗址宫城的南侧有一个手工业作坊区，那里出土了青铜器和绿松石生产作坊的遗址。其中与南大路邻接的二至四期作坊遗址中出土了大量的绿松石原料、半成品、磨石等。关于绿松石的产地，自然科学分析结果显示绿松石原材料矿应该在位于河南、湖北、陕西三省交界处，与二里头遗址较近的河南省淅川县也是矿源之一，但其与二里头遗址间的直线距离仍远达200公里，而且中间还隔着秦岭山脉。即使一部分可能是利用河流运送的，但也需要有相当长的陆路运输。二里头文化时期的青铜器、绿松石制品是在王室直接控制的手工业工坊中用最为顶尖的技术制造出来的，原材料的稀缺和长距离运输的高昂成本使得其价值连城，不难看出无论是制造还是分配均离不开王室的强大控制。

到了商晚期，出现了车轮间距达1.5米的大型运输车，显示随着国家养牛业的进一步发展，运输能力也大为提高。此外还出现了马拉战车，加上运输兵粮的牛车的运输能力的提高，使得进行长期的远征战斗成为可能。陕西省岐山县礼村出土的“小盂鼎”上记载了在西周时期的一次战斗中，共杀敌5000多人，俘虏敌人1.3万余人，由此可以推测当时西周的军队人数应该在万人以上。另外，山西省晋侯墓地出土的西周晚期的晋侯稣钟铭文记载，为了讨伐东夷族，周王亲自率军于2—6月的农忙时期赴淮河流域，指挥作战100余天。这应该是一支以诸侯将相为主的远征军队，当然离不开大量的军粮运输。

二里头文化时期，虽然不像西周时代那样拥有用于长期远征的常规军队，但牛和车的出现无疑是促成国家形成的重要因素之一。有关商晚期出现马车的研究目前有很多，但关于牛车的研究却很少。如果此“后记”能够起到一点抛砖引玉的作用，将不胜欣慰。

冈村秀典

2022年4月31日

译后记

冈村秀典先生是我在京都大学留学时的博士导师，他与研究欧洲旧石器时代考古的山中一郎先生及研究日本中世纪建筑和寺院的上原真人先生组成博士指导小组，而我的博士论文则主要由冈村秀典先生指导。正如冈村先生在2003年版后记中所写的那样，我毕业的2002年春季（5月），他在日本东方学会举办的“第47届国际东方学者会议”上的发言以及讲谈社的约稿是他这本书撰写的缘起，其实当时我与加利福尼亚大学洛杉矶分校的罗泰先生也应会议组织者小南一郎先生的邀请参加了这次大会，我做了“二里头文化的地域间交流”的大会发言。因此可以说，冈村先生的夏王朝研究历程与我的求学及博士论文撰写经历几乎同步。我的研究是以二里头、二里冈文化以陶器为主的地域间交流以及时代转换之间发生的变化为着眼点，而冈村先生则是从文献、环境、动植物和礼仪物品等方面来研究二里头文化社会结构、文化生活以及中国早期王朝体制的特质。在对古代文献客观整理与理性批判的研究中，通过对古典文献成文的时代背景来辨别真伪，寻找夏王朝的蛛丝马迹。这一点与一般将古代文献记载的夏王朝与考古资料的简单比附有完全质的不同。

如果单从本书书名《夏王朝——中国文明的原像》（以下简称《夏王朝》）来看，似乎感觉这是一本意在集中讨论王朝体系以及上层社会统治结构内容的书籍，而事实上并非如此。正如冈村先生在 2003 年版后记中所说的那样，无论是重视古典文献的研究还是注重出土遗物的考古学研究，他也曾经在重视文化编年史式的传统考古学研究与透物见人、以探索人类社会与生活为目的的考古学研究之间迷茫过，但最终选择了透物见人、恢复社会生活这一研究途径。这一点也正是贯穿本书最为重要的主线。具体体现在本书的第三章到第六章，因此我也建议对本书感兴趣的读者首先从第三章开始阅读，你会被一种完全不同的研究思路所吸引。

夏王朝的研究一直以来都是中国考古学研究的重点，伴随了几代中国考古人在田野和综合研究上的辛勤努力，积累了大量相关的考古成果。但是如何将这些碎片化的考古资料和对文献的客观解读还原出真实的夏王朝的存在还有诸多方法论的争论。冈村先生针对这一问题，在当时日本与西方学术界对夏王朝的存在都持否定态度的学术环境下，大胆使用“夏王朝”作为书名，并以学者的严谨与谨慎的论证姿态，首先对饱含争议的古代文献记载进行去伪存真的客观梳理，他站在写就古文献的战国与汉代时期来理解这些文献的撰写动机以及其是否真实和为什么有真有伪，进而从中寻找夏王朝存在的确切线索。

另外，本书充分发挥考古学的长处，对大量前沿的考古发掘资料进行了深入分析。正如作者在“2007 年再版跋”中所说的那样，我们现在应该做的事情，并不是纠结夏王朝是否真的存在，而是应探讨在甲骨文证明了实际存在的商王朝之前，是否存在着一个可以称之为王朝的王权政体，如果存在的话，那是否可以说它是中国最初的王朝，其政体具有怎样的社会、经济、文化特质等。而要明确这些，只有考古学能发挥作用，除此之外别无他法。因此他在进入具体考古分析之前首先从学术史的梳理出发，让读者来了解中国历代学者夏王朝的探索历程，进而对诞生王朝礼仪不可缺少的宫殿建筑基址的布局进行解读，他认为既然是王朝政权，首先就得有朝廷，那么二里头遗址的宫殿基址是否是朝廷则至关重要。其次他提出二里头文化时期作为礼仪用玉的玉器与新石器时代最大的不同在于从祭玉到瑞玉的变化，也是中国传统玉器自产生以来在功能上发生的第二次变化（第一次是从装饰品到祭玉的变化），而瑞玉作为一种适合手持、在朝廷宫廷典礼时表明身份、维系君臣关系的物化体现是随着宫廷礼仪而产生的。既然有了宫廷礼仪，那么宫廷祭典礼仪就不可缺少，而饮酒则是祭典礼仪的重要元素。“礼”的本意来自“醴”，“醴”是最早的一种酒，暗示着因“醴”而产生“礼”的意义，因此饮酒是礼仪形式的具体体现，从陶质酒器到铜质酒器，都显示着隐藏在器物背后的人的行为，并且冈村先生从酒器的形态与功能上试图来复原它在礼仪过程中的使用方法、组合及意义。

本书的另一个重要点在于通过环境、植物和动物的研究成果对二里头文化时期人类环境生活进行复原研究，这一研究是将所谓的科技考古成果与考古学研究紧密结合的完美例证。而这些成果正好阶段性地回答了夏王朝研究过程中涉及到的“洪水”与环境、大植物种类与土地轮作、人骨同位素比值的城乡差异、动物骨骼与人类肉食的获取季节及动物种类的地域差异、肉食的烹饪方式与习俗差异等透物见人的社会生活与文化问题。同时，本书还通过古文献记载中关于猪牛羊的饲养方式论证了二里头文化向二里冈文化转变过程中动物种类发生变化的社会背景等，而不是仅仅限于动植物研究结果的数值堆砌。

二里头文化陶器研究的角度也是本书的亮点之一。我们一般多关注陶器组合与烹饪器具的形态变化，而较少从功能与生活方式背景来解释作为日常生活陶器变化的意义。本书则从二里头文化烹饪器具圜底深腹罐与灶址形态，特别是结合二里头宫殿基址附近有 9 个灶址的大房址可能正是夏王朝祭典礼仪的宫廷御厨房的思路出发，通过动物肉食、植物粟黍与稻米的烹饪方式差异等角度对陶器进行研究。使得陶器真正回归到它原本的生活功能而不是考古学家研究的手段与工具，为陶器注入了生活气息。特别是对陶质酒器的研究，充分利用文献记载对可能是酿酒器的大口尊及刻画符号进行解读等等。这些研究的角度即使在原著出版近 20 年之后的今天仍然让人感到颇具新意。

作者最后从二里头文化因素在地域间的传播讨论了中国世界的形成，可谓从小到大，逻辑清晰地回归到本书的主题——夏王朝作为王朝体制对空间领域的统领与文化影响力，显示其超越新石器时代的考古学文化特质。但是他也强调，二里头文化玉礼器、陶质酒器的广域传播不应该是单一的中心对周边的影响，也很可能是周边地区对二里头文化因素有选择的接纳。而反映日常生活的陶器在考古学文化更替过程中的变化是缓慢的，并不能反映突变的王朝更替等政治事件，因此他对根据考古学文化更替来讨论王朝更替的研究持保留态度。这一点也是我的博士论文答辩时他指出的问题，给了我很大的启示，更是我在之后的研究中改变研究思路的转折点。

约稿出版《夏王朝》初版的讲谈社在日本具有较强的大众影响力，创建于 1909 年的这家出版社以出版大众喜闻乐见的漫画、趣闻及社会历史文化书籍见长，在美国还设有分社出版英文书籍，其受众面非常广。因此冈村先生这本具有浓厚学术底蕴的书籍也在文字撰写上避免了学术术语晦涩难懂的弊端，使用与读者具有亲和力的表述将原本需要专业知识才能读懂的内容撰写的深入浅出、引人入胜。可以说这是一部学术著作与大众阅读完美结合的考古读物，值得我们借鉴与参考。20年前，《夏王朝》一经在日本出版，不仅在学术界，还在喜欢中国历史的大众层面引起了极大反响，于是就有了5年后（2007年）的再版，而本书是2007年再版的中文翻译版。

秦小丽

2022年6月9日